SI TU EM DIUS VINE HO DEIXO TOT... PERÒ DIGUE'M VINE

ALBERT ESPINOSA

SI TU EM DIUS VINE HO DEIXO TOT... PERÒ DIGUE'M VINE

ALBERT ESPINOSA

Traducció de
Sílvia Pons Pradilla

ROSA DELS VENTS

El paper utilitzat en la impressió d'aquest llibre ha estat fabricat a partir de fusta procedent de boscos i plantacions gestionades amb els estàndards ambientals més alts, els quals garanteixen una explotació dels recursos sostenible amb el medi ambient i beneficiosa per a les persones.
Per aquest motiu, Greenpeace acredita que aquest llibre compleix els requisits ambientals i socials necessaris perquè sigui considerat un llibre "amic dels boscos". El projecte "Llibre amic dels boscos" promou la conservació i l'ús sostenible dels boscos, en especial dels Boscos Primaris, els últims boscos verg
del planeta.

Títol original: *Si tú me dices ven lo dejo todo... pero dime ven*

Primera edició: març de 2011
Segona edició: març de 2011
Tercera edició: abril de 2011
Cuarta edició: abril de 2011
Cinquena edició: maig de 2011

Publicat per Rosa dels Vents, un segell de Random House Mondadori, S. A.

Printed in Spain – Imprès a Espanya

ISBN: 978-84-01-33943-1
Dipòsit legal: B-19.250-2011

Compost a Comptex & Ass., S. L.

Imprès a Novagrafik
Pol. Ind. Foinvasa
c/ Vivaldi, 5. 08110 Montcada i Reixac

Enquadernat a Reinbook

L 3 3 9 4 3 1

Dedicada a tots aquells
que continuen volent ser diferents
i que lluiten contra aquells
que desitgen que siguem iguals...

Escrit durant l'estiu del 2010,
per aire, mar i terra a...

Menorca, Eivissa, l'Escala, Cabrils,
Barcelona, Les Pungoles,
Zurich i Helsinki.

Índex

Quan creus que coneixes totes les respostes, arriba l'Univers i et canvia totes les preguntes.

Jorge Francisco Pinto,
mestre

1

SI TU EM DIUS VINE
HO DEIXO TOT...
PERÒ DIGUE'M VINE

Recordo com si fos ahir quan ella em va dir: «No desitges poder ser feliç en tots els aspectes de la teva vida...? No haver d'acceptar res que no t'agradi? Sentir que tu controles la teva vida en lloc d'anar-hi a remolc al vagó 23...?»

No vaig respondre...

Només vaig esbufegar, un munt d'aire va ressonar en sortir-me del nas i la meva dent trencada va aparèixer rere un somriure d'esperança.

I no vaig dir res perquè quan portes anys acceptant que la teva vida és el que et passa i no el que generes... Doncs, lamentablement, acabes acostumant-t'hi.

Tot seguit, ella va afegir: «Coneixes una vella cançó que diu: "Si tú me dices ven lo dejo todo"?».

Vaig afirmar novament en silenci. No em sortien les paraules, l'emoció em tenia pres. La meva gola era incapaç de crear cap so.

Ella va continuar: «Doncs sempre he pensat que en aquesta cançó hi falta alguna cosa... Hauria de dir: "Si tu em dius vine ho deixo tot... però digue'm vine"».

Finalment em va mirar i va deixar caure les tres preguntes que des de feia anys desitjava que algú em fes: «Vols o no vols controlar la teva vida? Vols o no vols ser l'amo de tots els teus moments? Ho vols?».

I vaig dir que sí, el «sí» més fort i potent que hagi sortit dels meus quaranta anys de vida.

Un «sí» que contrastava amb el «no» més rotund que havia sentit feia molt poques hores...

I heu d'entendre aquell «no» abans que us parli d'aquest «sí». Si no, tot mancarà de sentit i no entendreu absolutament res.

Per tant, és imprescindible que conegueu que va passar durant les hores prèvies al moment que vaig conèixer la dona que canviaria la forma en què veig la meva vida i el meu món.

Dirigim-nos cap a aquell «no»...

2

ÉS DIFÍCIL GAUDIR AMB UN T'ESTIMO PROPI

Unes hores abans discutíem amb la meva parella. Res estrany ni greu en nosaltres; darrerament sempre discutíem.

Si ens hagués vist algú, hauria pensat que estàvem a punt de trencar, però allò era tan sols el nostre dia a dia.

Eren les 7.30 del matí. Vaig pensar que aviat seria de dia i que encara necessitàvem dues hores més de conversa i potser vint minuts ben bons de sexe posterior per quedar en paus. Tot aquell temps que faltava em produïa una estranya sensació de *déjà vu*.

Les parelles i els seus ritus. Les parelles i els seus codis.

Totes les parelles tenen el seu codi a l'hora de discutir, de fer l'amor, de perdonar-se i fins i tot de retreure coses a l'altre.

Però aquell dia el codi es va trencar, no va haver-hi dues hores més de conversa ni vint minuts de sexe posterior... Ho vaig saber quan vaig notar la seva mirada sobre meu... Era una mirada que desconeixia, que no anava acompanyada de cap paraula.

Ella sempre que em mirava, em parlava, era una de les seves virtuts que més m'al·lucinaven. Potser perquè jo no la posseïa... El fet que hagués eliminat el so de la seva mirada em va gelar per complet.

Semblava que estava a punt de dir alguna cosa com: «Això no funciona...», «Estic farta de discutir...» o «Per què som així, si ens estimem tant...»... Però només em mirava...

I just en aquell instant, mentre seguia observant-me d'aquella manera tan estranya i intensa, vaig pensar en una frase preciosa que havia sentit, mesos enrere, en un espectacle de dansa.

La funció era un homenatge a Freddy Mercury i a d'altres artistes que havien mort joves... O potser anava sobre un tema diferent, no me'n recordo.

No m'agrada la dansa, però m'encanta veure cossos en moviment i músiques desconegudes posades al ritme d'una coreografia. En surto del tot estimulat en el sentit més emocional de la paraula.

I, de vegades, com aquell dia, en espectacles d'aquests escolto frases que són dards directes al cor.

Aquella nit, el ballarí principal va declamar, entre un moviment increïble i un estirament impossible: «Ens vau dir que féssim l'amor i no la guerra. Vam fer-vos cas, per què aleshores l'amor ens fa la guerra?».

Vaig somriure en recordar aquella frase, ella continuava mirant-me fixament i, de sobte, ho va deixar anar:

—He de deixar-te, Dani.

He de... He de... Aquella obligació em va perforar.

Al meu cap va arribar el verb traduït a l'anglès. Aquell «must» que sempre m'ha semblat una paraula tan elegant.

Pocs vocables tenen un significat tan clar, i saps que en utilitzar-lo t'estàs posicionant en un sentit o un altre.

—Has de? —vaig preguntar-li.

—He de...

Es va produir un nou silenci.

Vaig decidir insistir-hi.

I quina manera millor de fer-ho que amb la nostra forma particular de dir-nos «T'estimo». Totes les parelles tenen una manera única. La nostra tenia a veure amb la primera pel·lícula que vam veure junts. Jo l'havia vist anys enrere, en un moment especial de la meva vida, i per això vaig decidir compartir-la amb ella, per com em va marcar a mi.

Era el magnífic film de Jean-Luc Godard *Al final de l'escapada*. Mai Belmondo havia estat més Belmondo que en aquell llargmetratge.

La nostra seqüència sempre va ser una que transcorria en un cotxe; en la qual es deien moltes frases, però nosaltres ens quedàvem només amb tres i sempre les dèiem seguides, sense pausa, tal com les havíem sentit i ens havien impactat...

Aquella era la nostra manera de dir-nos «T'estimo». Mai havia fallat treure aquell trio de frases en una discussió o en un moment tens.

Jo deia la primera i la tercera frase, ella la segona. Encara que de vegades era al revés. Depenia de qui necessitava portar l'altre de nou cap al seny, cap a l'amor...

No les fèiem servir gairebé mai.

La clau perquè una cosa tan màgica funcionés era que tan sols podia invocar-se en situacions desesperades.

Vaig mirar-la fixament, volia que sabés que era un d'aquells moments.

—No puc viure sense tu —vaig dir, posant en el meu rostre tots els tics de Jean Paul Belmondo que vaig ser capaç d'imitar.

Ella em va mirar i no va dir res. Vaig tornar a la càrrega.

—No puc viure sense tu.

Ella em va observar per segona vegada.

Va negar amb els ulls, després amb el cap i, finalment, va deixar anar el «no» més contundent que he sentit en tota la meva vida. Va ser un «no» tan rotund que vaig saber que tot s'havia acabat.

Tot i que potser no calia, el fet de no haver seguit aquell joc ja era el senyal que tot s'havia acabat.

Vaig intentar el contacte físic, l'última opció que em quedava. Em vaig apropar a ella, però em va rebutjar abans que arribés a tocar-la.

Sabia que podia haver-hi gairebé quinze bones raons del perquè volia abandonar-me, però una d'elles pesava més que totes les altres juntes.

Just quan em disposava a preguntar-li el perquè, em va sonar el mòbil de la feina. L'utilitzava únicament en situacions laborals extremes.

Vaig dubtar de respondre, perquè sabia a la perfecció que no era el moment i seria la gota que faria vessar el got... I no sé ben bé per què, però vaig acabar responent.

Tan bon punt vaig pronunciar «Digui», ella se'n va anar cap a la nostra habitació.

Just aleshores vaig recordar el gran consell que m'havia donat un dels meus grans mestres, un bon home que vaig conèixer quan m'havien d'extirpar les amígdales.

Només vaig coincidir amb ell durant alguns dies en aquell hospital de la meva ciutat natal, però va marcar part de la meva vida. Feia temps que no hi pensava, en ell, crec que massa... Però aquell «no» me l'havia retornat a l'instant...

Suposo que hauria de parlar-vos d'ell, ja que sense tot allò que vaig viure al seu costat fa trenta anys és difícil entendre per què sóc com sóc i per què ella no vol continuar amb mi.

I és que em vaig convertir en qui sóc gràcies a i per culpa del Sr. Martín.

Però abans de deixar que la meva memòria torni al passat, i escoltant com a banda sonora d'aquell instant l'estrany soroll que ella provoca en endur-se totes les coses de la nostra habitació, he de dir aquell trio de frases godardianes que, algun cop, per a nosaltres van significar «T'estimo»...

—No puc viure sense tu...

—Sí que pots...

—Sí, però no vull.

Me les vaig xiuxiuejar suaument, dolçament...

Però és difícil gaudir amb un «T'estimo» propi.

3

LA SOLEDAT DE QUI NO TÉ NINGÚ QUE L'ESPERI

El dia que vaig conèixer el Sr. Martín, jo ingressava a l'hospital perquè m'extirpessin les amígdales i ell estava a punt de desprendre's d'un pulmó i mig.

Jo tenia tanta por quan vaig entrar en aquella habitació, que vaig aconseguir que ell se sentís còmode amb la seva pròpia por.

—Pensava que jo era la persona amb més por d'aquest món i veig que tu en tens tres vegades més que jo. Això em tranquil·litza —em va dir molt seriós.

Era molt gran... Feia gairebé dos metres i pesava al voltant de cent cinquanta quilos.

Tot en ell era immens; tenia més de noranta anys i la seva barba grisenca l'inundava el rostre.

M'hauria espantat si me l'hagués trobat pel carrer, però allà, amb aquella bata que ni tan sols arribava a tapar-li el cul, em va semblar del tot inofensiu.

Els meus pares havien anat a firmar el meu ingrés i em vaig alegrar que no els conegués. En aquella època encara m'avergonyia d'ells.

La meva gran aliada contra aquell gegant era una infermera que no semblava interessar-se massa per mi, però que complia els cànons d'alçada, pes i edat.

Però el meu escut va desaparèixer al cap de poca estona d'acomodar-me en aquell enorme llit.

Així doncs, vaig quedar-me sol al costat de la persona més impressionant amb qui he compartit respiració en tota la meva vida. Ningú mai me n'ha robat tanta ni tampoc mai he sentit tan a prop la seva.

Vam romandre en silenci. Ell no deixava de mirar-me.

Van ser gairebé dos minuts inicials de gran tensió. Ell ensumava la meva por, però no semblava que volgués atacar-me. Finalment, va trencar l'instant...

—Em dic Martín. I tu?

Em va allargar la mà i jo vaig dubtar si encaixar-l'hi.

Els meus pares m'havien ensenyat que mai saludés desconeguts. Per bé que, en teoria, en Martín no era un desconegut, ja que hauria de dormir al seu costat durant les tres nits següents, si no sorgien complicacions.

Era curiós; aquell home era un desconegut que havia de convertir-se a la força en algú proper a mi.

—Dani...

Em va sortir gairebé com un xiuxiueig. Però crec que em va sentir.

Vaig estrènyer-li fort la mà que m'allargava. Va somriure i no va fer gens de força. Va ser un gest bonic que em deixés sentir que tenia més força que ell.

Vaig estar a punt de dir-li alguna cosa, però just en aquell instant va aparèixer un zelador per endur-se'l al quiròfan.

El zelador va cridar-li bastant. Manies que tenen les persones amb la gent gran. Creuen que els faciliten la vida elevant-los el to de veu o baixant-los el ritme vital.

—Sr. Martín, és hora d'anar a quiròfan. On és el seu acompanyant?

El Sr. Martín li va indicar que baixés el to amb un gest de la mà. Va ser divertida, la manera com ho va fer.

—No tinc acompanyant —va respondre a continuació sense cap tipus de vergonya.

—No té ningú que l'esperi mentre l'operen? —va repetir aquell noi de vint-i-tants amb un to gairebé groller.

—Tinc molta gent que m'espera fora si la cosa va malament, però ningú si la cosa va bé.

Ara era el zelador qui sentia vergonya.

—Em sap greu —va mussitar.

—A mi no. El meu temps ja no és aquest. Per tant és normal que ja no tingui la meva gent amb mi, no?

Un nou silenci ens va absorbir a tots tres.

Jo mai havia imaginat que hi pogués haver algú que no tingués ningú patint per ell darrere la porta d'una sala d'operacions. Ningú a qui el metge pogués sortir a tranquil·litzar per la tardança o pels problemes derivats d'alguna complicació.

—Què li han de fer? —vaig preguntar, amb un to tan adult com vaig ser capaç d'imitar.

Ell es va girar i va clavar de nou la seva mirada en mi.

—Em deixaran mig pulmó dins. El just per poder aspirar

i deixar anar una mica d'aire. Encara que, a la meva edat, no en necessito gaire més. M'han dit que es pot viure fins i tot amb un quart de pulmó. Així que encara me'n sobra...

Em vaig quedar tocat. Jo perdia les amígdales i m'acompanyaven els meus pares, els dos avis que em quedaven i el meu germà. Ell perdia part de la respiració i no tenia ningú al seu costat...

Crec que en aquell instant vaig descobrir que el món era injust. A partir d'aleshores he estat testimoni de tantes injustícies que he deixat de contar-les i he conviscut amb elles sense immutar-me.

—Jo l'esperaré fora —vaig deixar caure, gairebé sense adonar-me del que deia.

Ell va somriure per primera vegada. En el seu somriure hi havia molta felicitat.

Es va apropar a mi i em va abraçar. I amb l'abraçada em va transmetre tota la por que sentia davant aquella operació que el privaria d'aspirar tant d'aire com desitgés.

—Gràcies —va xiuxiuejar—. Fa més il·lusió sortir d'allà dins si saps que hi ha algú esperant aquí fora. Això em farà sentir que actuo per a algú, i és important... Sabies que al teatre només actuen si hi ha com a mínim tants espectadors com actors interpreten l'obra?

Vaig negar amb el cap.

—Ara ja puc actuar, perquè tinc un espectador que m'observa. Ho faré bé per tu.

L'abraçada va cessar i l'home va deixar de xiuxiuejar-me paraules.

El zelador se'l va emportar i quan em vaig quedar sol vaig comprendre la gran responsabilitat que havia acceptat.

Ell estaria prop de vuit hores en aquell quiròfan i jo estava decidit a comportar-me com el seu fidel acompanyant.

Un nen de deu anys responsable d'un home de noranta.

Em va semblar una cosa normal... En aquests temps, em sembla estrany.

Encara que ara tot era diferent; sense ella, sense el nostre codi d'amor, m'havia quedat una mica orfe.

Sé que voleu saber si el Sr. Martín va tornar del quiròfan amb el seu mig pulmó, però jo he de continuar explicant-vos el viatge que vaig fer fins a trobar-me amb aquella senyora que creia que a algunes cançons d'amor els faltava un vers per estar completes.

És per això que hem de tornar a la trucada i a la nova feina que em volien encarregar...

4

DE VEGADES UNA PARELLA ARROSSEGA TANTES COSES QUE NI TAN SOLS L'AMOR ÉS SUFICIENT

A la vegada que ella recollia les seves coses de l'habitació, jo era al saló, parlant per telèfon. La situació era surrealista.

Els sons que produïa en introduir les seves pertinences a la maleta em superaven. Sabia que acceptaria aquell cas, fos el que fos. No desitjava quedar-me sol en aquella sala on acabàvem de discutir, ni molt menys a casa, buida sense ella.

Sé que podia haver-la seguit. Encara no se n'havia anat, però teníem tants problemes, arrossegàvem tant de passat que era impossible que tot se solucionés com en una pel·lícula de cine.

No hauria servit de res aparèixer a la porta de l'habitació, mirar-la, apartar-la de la maleta, fer-li un d'aquells petons impactants i dir-li que no se n'anés.

No serviria de res i jo ho sabia. Ella necessitava que li digués altres coses que no podia dir-li en aquells moments.

I és que hi ha vegades que una parella arrossega tantes coses que ni l'amor és suficient... Ni l'amor és suficient.

Al paper que acabava d'agafar per apuntar-hi les dades de la feina, hi vaig escriure: «Ni l'amor és suficient».

Em fascina que el cervell ordeni de manera inconscient a la mà i repeteixi els pensaments que el cor expressa però que no han estat pronunciats en veu alta.

El pensament és de vegades tan intens que potencia el que, segurament, només és una simple idea i et demostra com n'està, d'inserida, dins la teva ment.

Vaig continuar apuntant les dades de la feina.

Com sempre, la veu que m'encarregava la feina intentava semblar tranquil·la, però denotava un pànic atroç.

Superava en gairebé quinze o setze vegades la por d'un nen a punt de perdre les amígdales. I és que sempre vaig conservar aquell pànic inicial com la mesura bàsica de l'autèntica por.

—Quina edat té, el nen? —vaig preguntar.

Si tenia menys d'onze anys mai acceptava el cas. Era molt estricte amb aquesta norma. Tant de bo en altres aspectes de la meva vida ho tingués tot tan clar com en la feina.

—Està a punt de fer-ne deu —va respondre l'home al telèfon. La veu li va tremolar lleugerament.

La seva resposta ja feia impossible que agafés el cas, però vaig continuar preguntant. Suposo que no volia penjar i enfrontar-me a ella. Necessitava temps per decidir què fer, si més no una mica més de temps...

—Quant temps fa que ha desaparegut?

Si feia menys de tres dies o més de dos anys, tampoc l'acceptaria. Era una mena de codi. Amb el temps, he descobert que els codis tenen sentit en l'àmbit laboral. En el personal, mai.

—Dos dies justos.

Dues de dues. Aquell no era un cas per a mi. Havia de ser realista i deixar-ho clar abans que aquell home s'il·lusionés pensant que el podria ajudar.

—Truqui a la policia —vaig dir, esforçant-me a produir un to eixut—. L'ajudaran més que jo.

Es va crear un silenci intens.

Ni tan sols el sentia respirar. Perdre un nen de deu anys durant dos dies et trenca la vida i et fa sentir un buit molt intens. Per això diposites l'esperança en qualsevol que creguis que podria tornar-te'l.

I no estic fent-me el llest, ho sé de primera mà. Porto anys dedicant-me a investigar desaparicions de nens i adolescents.

Al principi no hi havia codis i buscava també nens desapareguts menors de deu anys, però el que trobava va acabar marcant-me massa.

No sé quin dia vaig decidir especialitzar-me en nens de més de deu anys i en adolescents. Crec que va sorgir per evitar dolors insuportables i per eliminació... Com gairebé tot en aquesta vida.

Sempre vaig voler ser policia, investigar coses... Però sobretot, buscar gent que hagués desaparegut de casa seva sense explicació aparent.

Crec que em vaig decantar pels adolescents i els nens perquè és l'època de la vida en què vaig ser més feliç i l'única que encara comprenc. Per aquesta raó connecto amb la gent que encara no és adulta.

En teoria, la infantesa i l'adolescència duren fins als divuit anys. Encara que jo crec que no és així, hi ha molta gent que vivim una infantesa i una adolescència perpètues, mal que a molts això els fastiguegi.

Per tal que entengueu aquesta fixació meva per les pèrdues, pels nens, pels adolescents i per la meva feina en general, crec que hauria de parlar-vos de la meva pròpia infantesa i adolescència. Potser sigui l'única manera que m'arribeu a conèixer.

Vaig sentir el soroll de la porta que es tancava.

Ella se n'havia anat.

La soledat de la casa em va caure a sobre de sobte i es va barrejar amb el silenci de l'home que encara continuava expectant al telèfon.

Dos silencis diferents amb dues tonalitats distintes. Si bé en tots dos hi havia coses en comú... Molt de gris i molt de dolor.

Em vaig apropar a l'habitació.

La seva part de l'armari estava totalment buida. Va ser un cop terrible. Mai m'hauria imaginat que dos calaixos buits poguessin contenir tant d'allò de què estaven plens, ni tampoc que algú fos capaç de guardar tan ràpidament una vida dins una maleta.

El pare a l'altra banda del telèfon va començar a suplicar.

Jo no podia apartar la vista d'aquells sis calaixos mig oberts a diferents altures. Semblava que formessin una escala de desolació...

Vaig apropar-me a la seva tauleta de nit.

Vaig obrir els dos calaixos, que sempre estaven plens fins a petar d'objectes diversos. Podria semblar que cap dels trastos que residien allà dins era molt important, però jo sempre li deia que tot allò que acabava a la tauleta de nit havia superat el dia, t'havia acompanyat fins al llit, fins al son, fins a la teva nit i, per tant, era molt valuós.

El primer que mirava quan entrava a l'habitació d'un nen era la tauleta de nit; segur que allà guardava els objectes més importants de la seva vida i del seu petit món.

Però els d'ella, ara ja no existien.

Res no habitava en aquella tauleta. Els dos calaixos estaven completament buits.

El pare continuava oferint-me diners, cada cop més, via telefònica. Almenys era agradable no sentir el silenci davant de tanta buidor.

—Acceptaré el cas —vaig dir finalment.

—Gràcies, gràcies, gràcies... —va repetir, una i altra vegada.

No sé quantes gràcies em va arribar a donar. Jo sabia que estava trencant el codi, però m'era igual. Sobre el que no hi havia dubte era que no podia passar una nit més en aquella casa plena de calaixos buits mig oberts.

Em feia pànic. Un pànic atroç.

—On viu?

No era una pregunta a l'atzar, senzillament es devia al fet que no desitjava que la desaparició hagués tingut lloc a la meva ciutat. Necessitava anar més lluny, a algun lloc on l'olor de la pèrdua no m'arribés.

—Capri —va respondre—. Si vol puc enviar-li al seu mail tota la informació que tinc sobre el meu fill. M'han passat una adreça de correu electrònic, però no sé si és la correcta, o si prefereix que l'hi enviï per fax...

Ja no l'escoltava, encara que continuava responent-li. Li donava detalls sobre tot allò que m'havia d'enviar, on i de quina manera. De les meves tarifes i del tipus de transport que necessitava... Però ja no prestava atenció al que em deia, m'havia quedat tocat en descobrir que havia de tornar a Capri. Hi havia estat una vegada, just quan tenia tretze anys. Aquella illa em va salvar...

I ara havia de retornar a Capri, justament quan tornava a estar tan perdut i tan sol... Era increïble, la manera en què aquella illa em rescatava de la meva península cada cop que aquesta s'enfonsava davant dels meus ulls.

I és que a Capri vaig passar els dies finals de la meva infantesa-adolescència. I no perquè allà em fes gran, sinó perquè d'alguna manera hi vaig créixer...

D'acord, us parlaré de Capri. I us parlaré també d'en George, la persona que va marcar el final de la meva infantesa...

5

BOMBETES QUE S'ENCENEN QUAN UN EDISON S'APAGA

Tenia tretze anys la primera i única vegada que vaig viatjar a Capri. En feia tres que havia perdut les amígdales i la veritat és que no les trobava gens a faltar.

El gran canvi durant aquells tres anys va ser una marca vermella que em va aparèixer a un costat de la cara i que augmentava amb la meva vergonya.

De vegades tenia la sensació que era un pallasso mig maquillat, i la veritat és que no era jo l'únic que ho pensava.

A l'escola n'hi havia que em deien «el pallasset nan». Deien que era un pallasset i no un pallasso perquè em faltava l'altre coloret... Pel que fa a allò de nan, ja us ho explicaré més endavant.

Per culpa d'aquella merda de malnom i perquè intentaven pintar-me l'altre coloret amb un retolador, em barallava cada dos per tres amb aquells que em vexaven. Però com que mai he sigut fort, ni alt, ni un bon lluitador, gairebé sempre perdia aquelles batalles.

Molt sovint arribava a casa amb un ull de vellut damunt

del coloret vermell. Els meus pares patien i miraven d'animar-me. Però ells eren com jo...

Ara em sembla fins i tot còmic. En el passat no va ser-ho en absolut, però ara sí que m'ho sembla. El pas del temps sol aportar un toc de comicitat al que algun dia va ser només dramàtic.

El dia que vaig acabar amb tots dos ulls de vellut i un parell de costelles trencades va ser el dia que vaig decidir que me n'aniria de casa.

Odiava la meva vida a l'escola. Els meus pares, si bé m'entenien, no podien ajudar-me. Prou en tenien de bregar amb els seus problemes. Ja us els explicaré...

Recordo que un dia que estaven de viatge, vaig omplir una petita motxilla i vaig decidir anar-me'n a algun lloc on no em fessin els ulls de vellut. Sabia que havia d'haver-n'hi algun, però no n'estava del tot segur.

Però no vaig arribar a marxar. Just quan sortia per la porta em vaig trobar amb la policia. Mai hauria imaginat que poguessin estar al corrent dels plans d'una criatura i impedir la seva fugida abans que es produís... Però no venien per mi, sinó pels meus pares, per una mala notícia que havien de donar-me relacionada amb ells...

Els meus pares van morir el dia que vaig decidir marxar de casa. Crec que mai ho superaré.

Vaig quedar al càrrec del meu germà, que ja havia fet els divuit anys. Res no va millorar a l'escola i tot va empitjorar a casa. El meu germà sempre ha estat un cabró, i si un cabró et fa de pare, doncs tot es complica encara més...

Així doncs, deu mesos després d'haver perdut els meus pares, vaig tornar a decidir que havia de fugir. En aquella ocasió no hi havia policies a la porta de casa.

Sabia on volia anar. Desitjava viatjar al lloc que algú, alguna vegada, em va dir que era màgic. La màgia amb forma d'illa: Capri.

Vaig tardar dies a arribar a Nàpols; va ser una odissea que us estalviaré. I des d'allà vaig agafar el vaixell cap a Capri... I dins d'aquell ferry vaig conèixer el George.

El George tenia uns seixanta-tres anys i molta fortalesa física. I jo desitjava amb ansietat fer els catorze i tenir força al més aviat possible. Cinquanta anys d'experiències, desitjos i anhels ens separaven.

Estàvem tots dos a la popa del vaixell, ni massa lluny ni massa a prop l'un de l'altre. Jo evitava apropar-me a ningú. Només desitjava arribar a aquella illa màgica sense cap contratemps.

Notava que el George m'observava. Crec que va calar la meva fugida des de que em va veure pujar al ferry i em vigilava.

Des del Sr. Martín, ningú havia ensumat d'aquesta manera les meves intencions sense haver intercanviat ni una sola paraula amb mi.

—Hem fugit? —va preguntar, en un to prou alt perquè el sentís i sense apartar la mirada del llibre de color groc que llegia.

Em vaig espantar.

Mai havia pensat que fos tan fàcil conèixer el meu món.

Volia allunyar-me d'aquell home que, tot i no apartar la mirada del seu llibre, era capaç de llegir-me a mi. Però hi havia alguna cosa que m'ho impedia.

No vaig contestar. Ell no va tornar a preguntar. Al cap d'uns segons, però, es va dirigir a mi de nou.

—Em dic George i vaig a Capri. I tu?

Han passat anys, però encara avui tinc ficada al cap la frase «No parlis amb desconeguts», i em costa molt entaular conversa amb estranys.

Però a la vegada sabia que necessitava un aliat en aquell vaixell ple de desconeguts. Un noi de tretze anys sol crida molt l'atenció. I estar a prop d'un adult em proporcionaria la coartada perfecta, així que em vaig apropar a ell.

—Dani, i també vaig a Capri. Òbviament, com tots...

Va deixar escapar una rialla seca, d'una sola tonalitat. Em va agradar.

Em va oferir la mà i la vaig estrènyer amb força. Ell no va ser menys i va estrènyer la meva encara més fort, tant que vaig haver de deixar de fer força per tal que ell fes el mateix. En això era totalment diferent del Sr. Martín.

Vaig seure al seu costat. Necessitava fer veure que viatjava amb un adult. Havia de donar la sensació que era fill o nebot seu. Això sí, vaig deixar uns centímetres de distància entre nosaltres.

Em vaig fixar que llegia un llibre sobre anècdotes de gent famosa. Dades curioses que descobrien una altra visió del mite.

Vaig llegir-lo per damunt de les seves espatlles.

—T'interessa? —va preguntar, sense apartar la vista del llibre.

—Sembla interessant —vaig contestar.

Tot seguit el va tancar i me'l va oferir.

—Té.

—Me'l regala? Ja se l'ha acabat?

—No, però crec que tu en trauràs més profit. A més, he d'anar a fer els meus exercicis —va dir mentre s'aixecava.

—Exercicis?

—Sí. Esport. En practiques algun?

L'únic esport que jo practicava era evitar que m'estovessin més del que era habitual.

De sobte vaig advertir que aquell home portava una cama ortopèdica. Gairebé no es notava, però la lleugera diferència d'alçada entre una cama i l'altra era evident. Ell es va adonar que les observava, se'm va quedar mirant, esperant que li fes alguna pregunta sobre la cama falsa, però no en vaig fer cap... No desitjava intimar amb ell.

—De quin esport parla? —vaig preguntar per reprendre el tema.

—Exercicis en general. Per posar a punt tot el cos. Braços, coll, cames. O cama, en el meu cas.

No hi havia dubte que s'havia adonat de la meva mirada indiscreta cap a la seva pèrdua. No em va agradar com m'ho havia donat a entendre.

—I farà esport al vaixell? —vaig preguntar, evitant entrar en el seu joc.

—Hi ha algun lloc millor que aquest? Aire pur, mar i

temps de sobres. Vols fer-ne amb mi? Si domines el teu cos potser deixaràs de fugir.

Sabia més de mi que jo mateix.

Em va tornar a oferir el llibre. El vaig agafar. Va començar a caminar cap a la proa del vaixell, amb la seva lleu coixesa.

Vaig trigar a aixecar-me, però finalment el vaig seguir.

—La millor anècdota és la d'Edison, el de les bombetes —va dir sense girar-se—. Saps qui és?

Vaig assentir amb duresa; no em va agradar que em prengués per un inculte.

—Abans de morir, diuen que va demanar-li al seu fill que agafés una proveta i capturés el seu últim sospir.

—Per què? —vaig preguntar.

—Perquè Edison creia que allà hi residia la seva ànima —em va dir, mirant-me als ulls.

Havia capturat totalment la meva atenció.

—I el fill ho va fer?

—És clar que ho va fer. Aquell home havia inventat la bombeta. Si deia que allà era l'ànima, allà devia ser-hi... El fill va esperar pacientment al costat del seu llit fins que va arribar-li l'últim sospir del seu pare. I el va capturar.

Es va produir un silenci. Em moria de ganes que continués.

—I és allà la seva ànima? —vaig preguntar amb gran passió, com si m'hi anés la vida.

—Potser sí, i potser no. Hauries de veure algun dia la proveta. És en un museu de Michigan. Jo l'he vista i t'he de dir que crec que el fill es va equivocar fent servir una proveta, hauria d'haver utilitzat una bombeta trencada per capturar el darrer sospir del seu pare.

Estic segur que la bombeta s'hauria encès al mateix temps que Edison s'apagava.

Quan vam arribar a la proa es va aturar, just al costat de la zona d'equipatges. Em va mirar fixament.

—Llest per conèixer i dominar el teu cos?

El sol es ponia lentament sobre el vaixell rumb a Capri i jo encara no era capaç d'imaginar-me tot el que m'ensenyaria aquell home que parlava de bombetes i ànimes, que coixejava però feia esport, i que sabia que m'havia escapat però que no semblava importar-li en absolut.

I és que tot és possible quan t'apropes a Capri... Potser per això volia acceptar aquell cas.

Jo em vaig perdre i em vaig retrobar a Capri. I ara un altre nen que no complia cap dels requisits del meu codi també estava perdut en aquella illa.

Les casualitats són el meu punt feble i les úniques coses de la vida que fan que transgredeixi les meves regles.

No hi havia cap dubte; vaig decidir posar rumb cap a Capri.

—Arribaré a Nàpols d'aquí a un parell d'hores. Pot venirme a buscar en cotxe i agafar el ferry cap a Capri. Li sembla bé? —vaig preguntar al pare.

Va donar-me les gràcies mil cops més i vaig penjar el telèfon. En realitat era jo qui havia d'estar-li agraït. Desitjava tant tornar a aquella illa...

Sé que he de continuar parlant-vos del George i de la resposta que vaig donar a la seva pregunta, però abans he de marxar cap a Nàpols.

6

OBLIDAR L'OLOR PER CULPA DE LES PRESSES

Vaig ficar quatre coses justes dins la maleta i vaig decidir agafar el primer vol cap a Nàpols. Sabia que fugia, que el fet que m'acabessin de deixar em superava i intentava no pensar-hi. Era una reacció infantil, però era just el que necessitava en aquell moment.

Vaig entrar al bany per agafar quatre coses més.

I va ser aleshores quan vaig veure el seu perfum. Se l'havia deixat.

Amb les presses, havia oblidat la seva olor. Només havia saquejat calaixos i tauletes.

Vaig apropar-me la seva olor i va ser com tenir-la al costat... Va ser com sentir-la.

Tot això era molt dolorós. L'enyorava i no feia ni deu minuts que se n'havia anat de la meva vida. La ruptura seria molt dura, no hi havia cap mena de dubte.

Crec que, arribats en aquest punt, hauria d'explicar-vos quin era el nostre problema. És el més just, ja que, d'altra manera, no podreu decidir a favor de qui esteu.

No ens enganyem; en una ruptura s'ha de prendre partit.

Sempre, encara que no ho desitgis. Encara que siguis de la família, encara que siguis un amic o un simple lector, has de prendre bando per sentir-te en pau.

Ella i jo... Merda, com cou parlar d'això... A més, vaig adonar-me que ja estava impregnat de la seva olor. Tan sols me l'havia apropat i ja feia olor d'ella.

Sabia que havia de deslliurar-me d'aquell perfum de dimensió gegant abans no acabés traspassant-me accidentalment la seva olor cada matí. Havia de llençar-lo ràpidament per la banyera.

Heu d'entendre que amb la seva olor en mi, al meu bany, el dolor s'apropava a cotes extremes.

Finalment, em vaig decidir pel lavabo, vaig aixecar la tapa del vàter. Però em vaig aturar. No podia llençar la seva olor. Fer-ho seria un acte summament injust. Gairebé vomitiu. Em vaig aturar just abans de vessar la primera gota.

I de sobte... Se'm va ocórrer una manera millor de desfer-me d'allò, una manera que no em fes sentir culpable.

Vaig col·locar la seva olor dins la meva bossa de viatge.

Vaig sortir ràpidament de casa, sense tancar amb clau. No m'importava que entressin a robar perquè ja no hi quedava res de valor en aquella llar.

Vaig pujar a un taxi d'un salt. Semblava que sabés que havia de sortir de casa, perquè va ser increïble la sincronia entre la meva aparició al carrer i el seu gir a la cruïlla.

I allà, dins del taxi, en silenci, vaig esperar.

Tan sols desitjava que passessin els minuts fins a arribar a l'aeroport. No necessitava conversa ni música.

Només que el temps passés.

Feia molts anys que no necessitava viure el moment. Però ara em resultava imprescindible perquè el moment no m'aportaria res de valor. En canvi, el futur, el transcurs del temps, tenia la clau de tot i em tornaria el meu propi jo sense dolor.

Crec que el darrer cop que no vaig necessitar viure el moment va ser quan esperava que el Sr. Martín sortís del quiròfan.

Només desitjava que passessin les hores i ell tornés operat. I és que com ja us he comentat, em vaig convertir en el seu acompanyant i em vaig prendre la tasca molt seriosament.

El taxista va trencar el meu moment i va posar la ràdio.

Va sonar un *vallenato*. Sempre he pensat que aquesta música és massa trista. Són pitjors que els boleros; parlen d'amors perduts, impossibles, sense cap futur, i els cantants es recreen en la pèrdua com si fos alguna cosa bella.

Odio els *vallenatos*. Aquell es deia «Me ilusioné» i tenia una lletra que em trencava, poc a poc, el cor. Volia demanar-li que tragués la cançó però aleshores hauria hagut de comunicar-me amb ell, just el que no desitjava fer en aquell moment; el que menys desitjava era interaccionar amb un altre ésser humà més enllà del que fos estrictament necessari...

Així doncs, vaig decidir fugir amb la meva ment fins a aquell hospital on de petit vaig esperar que un desconegut tornés amb mig pulmó...

7

DEMOSTRAR EMOCIONS QUE NO S'ENTENEN RESULTA RENDIBLE EN AQUEST MÓN

El Sr. Martín va entrar al quiròfan a les onze del matí. A la una se'm va apropar una infermera per comentar-me que tot anava bé. Em vaig sentir tranquil. Només quedaven sis hores més de vigília.

Els meus pares havien sortit a menjar alguna cosa, de manera que em vaig trobar sol allà, i vaig notar que la part de l'habitació del Sr. Martín em seduïa i m'atreia poderosament.

Volia saber qui era aquell home gegantesc a qui esperava amb anhel. Crec que va ser la primera vegada a la meva vida que vaig fer una investigació.

En aquella ocasió no va ser l'habitació d'un nen ni d'un adolescent la que vaig envair, però l'adrenalina de remenar entre els objectes d'una altra persona va ser igual d'intensa. Això mai canvia; el plaer sempre se't fica dins el cos, perquè descobrir objectes desconeguts provoca una sensació molt potent.

A més, crec que estava en el meu dret. Estava esperant-lo, així que, com a mínim, havia de conèixer-lo.

Vaig obrir el calaix de la seva tauleta. Ja sabeu què n'opino, d'aquests calaixos...

Hi havia un munt de cartes, una llibreta petita i nombroses fotografies Polaroid. Per a mi, tot allò era com d'una altra època.

Vaig observar les fotografies en què apareixien retratats multitud de fars.

Fars de diferents mides i grandàries. Contràriament al que pugueu pensar, no s'havien fet des de terra i ell no sortia en cap de les fotografies.

Les havien fet des d'un vaixell o des del mar. Sempre es veia part d'un pal, o una popa o una proa, i al fons, l'immens far. A més, quasi totes les instantànies eren nocturnes i el far s'havia captat en moviment.

En cap hi havia rastre de persones...

Fars i trossos de vaixells. Vaixells i trossos de fars. N'hi havia gairebé cinc-centes, les vaig observar amb deteniment. Tenia temps de sobres.

Vaig veure que darrere de cadascuna hi havia una data i una paraula. Eren adjectius que no semblava que fessin referència a les característiques del far ni al lloc ni l'hora en què s'havien fet, però estava gairebé segur que parlaven d'ell, del Sr. Martín.

Es titulaven: «Trist», «Enamorat», «Enyorat», «Infidel», «Allunyat», «Sol», i una que em va impactar moltíssim «Afortunat». Aquell adjectiu apareixia en deu o dotze de les fotografies. Crec recordar que aquell va ser el primer cop que vaig veure aquella paraula escrita en paper. En el meu món la gent no era afortunada i no se li acudiria escriure-ho en tinta per tal de deixar-ne constància per sempre més.

Quatre hores més tard va tornar la infermera. Em va dir que ja li havien tret un pulmó i que tot anava bé. La dona va comentar: «El teu amic és un home afortunat».

Vaig somriure. Ja ho sabia, ho estava descobrint en les seves pertinences. M'adonava que era un lluitador implacable. Ho notava en la seva lletra.

El meu pare sempre em va aconsellar que fes bona lletra perquè era la manera de demostrar als altres que ets una persona de confiança.

Crec que faig lletra de confiança, de la qual el meu pare estaria ben orgullós. No sé si ho estaria tant si sabés que em guanyo la vida remenant objectes de desconeguts. Però això no ho sabré mai...

A la tauleta també vaig trobar nombroses cartes. Dins de cadascuna hi havia una successió de números. Números sense sentit. El 12, el 36, el 9, el 7, el 2... Anaven canviant sense motiu aparent.

En cadascuna d'aquelles cartes hi havia centenars de fulls amb números i, finalment, a l'última quartilla apareixien dos números ben grans. Cada sobre duia el nom d'una ciutat.

Semblava una espècie de clau, però en aquell moment no la vaig saber descobrir. Potser el Sr. Martín era un espia. Em vaig quedar mirant els dos números finals, escrits amb tinta vermella i amb un traç gran, de confiança.

Aquell home misteriós em fascinava cada cop més i per això no volia perdre'l sense haver-lo conegut.

El fet de tenir aquell pensament va fer que se'm posessin els pèls de punta.

En mi, això no era res estrany i, perquè entengueu per què ho dic us he d'explicar una cosa... Sempre que ho vull, puc fer que se'm posin els cabells de punta. La meva mare també era capaç de fer-ho.

De petit, sempre que comentava amb ella alguna cosa important, o li lliurava algun treball que hagués fet a l'escola, ella em deia que se li posaven els pèls de punta.

Jo m'ho creia i m'emocionava tenir una mare tan sensible.

Fins que un dia, el meu germà gran em va explicar que era una habilitat d'ella que també nosaltres posseíem.

No vaig creure aquella afirmació, allò era insultant. Recordo que vaig intentar pegar-li i que, tot i que teníem la mateixa alçada, vaig acabar de morros a terra i ell damunt meu, estovant-me.

Sabeu, potser ja sigui hora que us expliqui un fet que encara no sabeu però que és essencial per entendre'm a mi, la meva família i les meves fugides.

Suposo que és el primer que hauria d'haver-vos dit sobre mi.

El meu germà era nan. Igual que els meus pares. Igual que jo...

Sí, nans... De baixa estatura, com es diu de manera políticament correcta. Sí, just el que esteu pensant.

Als deu anys, la diferència entre un nen i un nan és encara insignificant, no és gens evident, encara que crec que el Sr. Martín va saber que jo ho era només de veure'm.

Als tretze va començar a notar-se la diferència, suficient per convertir-me en la riota de l'escola. Tot va canviar i la meva vida a l'hora del pati va començar a tornar-se insuportable. «Pallasset nan» parlava del to vermellós de la meva galta però, sobretot, de la meva estatura.

Els meus pares sempre van portar bé el fet de ser baix. Al cap i a la fi, això els va unir. L'amor els va fer grans. El meu germà ho va superar convertint-se en un fill de puta. La mala llet va ser el salconduit per portar amb orgull la seva estatura.

I jo, als tretze anys, encara esperava créixer. Ho desitjava. Els xavals de la meva edat feien només cinc centímetres més que jo, així que potser era tan sols un nano baix per a la seva edat, però que un dia faria l'estirada.

Recordo que un dia vaig prometre a la meva a mare que jo creixeria. Ella, com sempre, es va emocionar, i em va mostrar tots els pèls de punta. Encara avui espero que no fos fingit, aquell sentiment; necessito creure-ho. Aquella emoció materna va ser el meu motor durant anys: créixer, créixer per la meva mare.

Ella em va ensenyar que ser nan no era vergonyós ni trist, però sé que també va somiar sempre que jo creixés. No era incompatible. Em deia que, des del primer moment que em va tenir dintre seu, va notar que jo pesava massa, que era un gegantot. Ho explicava amb dolçor, amb orgull...

Sempre deia que una mare nana podia desitjar tenir un gegantot sense posar-se vermella pel que poguessin pensar els seus congèneres. Igual que una mare gegantota podia desitjar tenir un fill nan per altres motius.

M'agradava com es referia al altres. «Gegantots». Quan ens quedàvem sols, sempre em deia «El meu petit gegantot». I això sempre va fotre molt el meu germà.

I allà era jo, amb el cap contra terra, entre les mans petites del meu germà gran. Va ser aleshores quan em va demostrar que ell també era capaç de posar els pèls dels braços de punta, i en pocs segons.

—Veus com m'emociono quan et pego, petit gegantot? —va dir mentre m'empenyia el cap contra una rajola.

A continuació va esclatar a riure.

Jo estava entre enfadat i trist. La meva mare m'havia pres el pèl durant anys.

Vaig decidir mirar si també era capaç de fer allò; veure si també tenia aquell do.

Al cap de pocs segons em vaig quedar fascinat en comprovar que tots els pèls del cos se m'eriçaven. Era increïble; també jo posseïa aquell superpoder. Desconeixia per a què em serviria en el futur, però estava segur que, a la llarga, en trauria molt de profit.

Demostrar emocions que no se senten resulta molt rendible en aquest món. Si bé en aquell moment no vaig donarhi gaire valor.

Quan el meu germà em va deixar anar, vaig anar a veure la meva mare.

En aquella època, la mare i jo érem de la mateixa estatura. Així doncs, parlàvem de tu a tu, a la mateixa altura. Un fet estrany entre una mare i el seu fill. No sé per què, però la teva mare ha de ser més alta que tu per tal que et sentis segur.

Vaig dir-li de tot.

Em sentia decebut per la seva emoció falsa en forma de pèls de punta. Ella no em va replicar en cap moment, però quan vaig acabar de cridar va esclatar a plorar.

Va ser la primera vegada que la vaig veure plorar i jo era el culpable del seu plor.

Durant un instant vaig dubtar si les seves llàgrimes eren verdaderes o aquell era un altre superpoder desconegut per a mi. No obstant això, de seguida vaig adonar-me que la seva emoció em traspassava amb tanta intensitat que vaig deixar de pensar-ho.

—Dani —em va dir entre sanglots—, que tingui un do no vol dir que el faci servir amb tu. Mai ho he fet. M'emociona tant tot el que fas perquè, senzillament, és part de tu. I tu ets el més valuós de la meva vida, petit gegantot.

A penes la vaig escoltar. Les seves paraules van produir en mi l'efecte contrari. Vaig deixar de creure que creixeria i vaig decidir marxar de casa per primer cop.

Dos dies després d'aquella discussió la vaig perdre. Dos dies després de fer-la plorar, ella i el meu pare van morir dins d'aquell maleït cotxe. En aquell estúpid accident. Encara recordo el policia i la seva veu impostada, intentant mostrar dolor encara que jo de seguida em vaig adonar que només feia un paper. Teatre del bo per tal de consolar un orfe més.

Des d'aquell dia odio els cotxes, odio la gent que beu i condueix. Odio els que no respecten el límit de velocitat, aquells que diuen que controlen... I no controlen res; al contrari, de vegades fins i tot descontrolen altres famílies amb els seus actes.

Al llarg de la meva vida, en més d'una ocasió he tingut bregues amb gent que no està disposada a respectar les normes de circulació. Es creuen millors, però per a mi són uns merdes.

El fet que algú no desitgés seguir aquestes normes va fer que perdés els meus pares. No puc permetre que ningú més presumeixi d'una cosa així.

El més terrible de tot va ser l'enterrament, amb aquells dos taüts petits...

Recordo que la gent de les sales contigües del tanatori creia que enterràvem dos nens petits. Comentaven com havia de ser de terrible per a un pare perdre dos fills. Em va rebentar.

Em vaig apropar a un d'aquells setciències i vaig dir-li: «Aquests nens són els meus pares i no conec ningú que hagi estat mai a la seva altura».

Sé que em descontrolo en parlar d'aquest tema, però tot i que han passat els anys, la ferida em cou igual. Sempre he cregut que serà una cicatriu en carn viva a la meva vida. Ningú pot curar-la, ningú...

Però tornem a l'hospital i a la història que volia explicar-vos.

Tornem a l'habitació que mai vaig compartir amb el Sr. Martín.

Recordo que us estava explicant com escorcollava els seus efectes personals.

L'última cosa que vaig trobar va ser un petit objecte circular amb un vidre al mig. Semblava un monocle, però el vidre era negre i al costat tenia un agafador en forma de far metàl·lic. Era com una mena de far de plata enganxat al monocle; era estrany, però els dos objectes s'havien inserit amb tant d'amor que feia la sensació que mai haguessin estat separats.

Semblava que tingués un poder màgic.

Me'l vaig col·locar sobre l'ull esquerre esperant sentir alguna cosa extraordinària. Però no vaig notar ni veure res estrany, tan sols l'habitació de l'hospital es va enfosquir una mica. I just davant d'aquell eclipsi va aparèixer la infermera.

Tenia el rostre trist. Feia la impressió que portava males notícies. O potser la sensació fos conseqüència de la foscor que proporcionava aquell curiós artefacte.

—Dani, l'operació s'ha complicat. El Sr. Martín està a l'UVI i vol veure't.

No vaig reaccionar, ni tan sols vaig apartar-me de l'ull aquella estranya lent, no podia fer-ho. Al meu voltant tot era negre i semblava que el món s'hagués paralitzat. No desitjava tornar a la normalitat, no desitjava exercir d'acompanyant.

Al cap i a la fi tot era un joc que m'havia inventat, un joc en què un nen de deu anys cuidava d'un adult de noranta. Mai vaig pensar que em tocaria vetllar per ell de veritat.

—Són vint-i-nou euros amb trenta-cinc —va dir el taxista que em portava a l'aeroport, trencant amb les seves paraules el dolorós record infantil.

No us amoïneu. Ja tornarà aquell instant...

El millor de recordar és que pots tornar-hi quan ho desitges; això ningú no t'ho pot robar ni impedir.

Potser el que més m'impacta és que cada cop que hi tornes, el record és diferent.

I si el record és diferent, un també acaba sent-ho, perquè allà són les seves arrels, i si les arrels canvien, també canviarà el teu tronc...

8

AMAR NOMÉS POT CONJUGAR-SE EN PASSAT

Mai m'han agradat els aeroports. Sempre he pensat que s'han de passar massa barreres per poder disfrutar d'un avió.

Els controls, les facturacions i el temor a les pèrdues que empudeguen enormement aquests llocs.

Un cop vaig llegir un estudi que explicava que el cor d'una persona no deixa de bategar a tota velocitat des que entra en un aeroport.

I l'acceleració es deu a les presses. Per trobar el taulell de facturació, per facturar el que es vol o no facturar res i que t'obliguin a facturar-ho tot, per aconseguir el seient perfecte, per passar el control de seguretat, per embarcar amb molta rapidesa, per no poder col·locar les bosses de mà a l'avió i que hagin d'anar a la bodega, pels nervis de l'enlairament, pels instants de turbulències, per la por de l'aterratge, per sortir ràpidament de l'avió, per trobar la cinta amb els equipatges, per sortir de l'aeroport i per arribar al teu destí final.

El més increïble de l'estudi és que allò que menys altera les pulsacions era el viatge en avió, i el que més, col·locar l'equipatge de mà. La importància que les nostres pertinences estiguin segures prop de nosaltres. L'ideal, com sempre, és que reposin per damunt del nostre cap.

L'ésser humà és estrany i complex.

I allà era jo, amb les pulsacions accelerades davant del control de seguretat.

Crec que mai havia sentit tanta emoció. Desitjava amb totes les meves forces que m'aturessin tan bon punt passés la maleta, que em diguessin que no estava permès embarcar aquell líquid de perfum tan gran, que hi havia normes...

Com ja us he dit, no podia desfer-me de l'olor d'ella, però si la ficava a la maleta i me la confiscaven seria una altra persona qui s'encarregaria de destruir-la, i això, el meu codi post-ruptura sí que ho permetia.

Sé que era igualment una covardia, però almenys sentia que no era jo qui es deslliurava de la seva olor.

Abans de col·locar la maleta a la cinta, vaig pensar que per una vegada aquella estúpida norma de seguretat relativa al transport de líquids tindria algun sentit i serviria perquè algú amb el cor del tot destrossat tingués una oportunitat per començar a sanar.

Vaig deixar la maleta amb la seva olor a la cinta i poc a poc es va anar introduint en els raigs X.

Vaig tenir la impressió que quan el guarda de seguretat mirés la pantalla no només hi veuria un flascó de perfum, sinó també tota la meva vida, la meva ruptura i tots els meus problemes amb ella.

I jo vaig generar-ne molts... Encara he d'explicar-vos els meus problemes de parella, no me n'oblido...

No sé ben bé per on començar, potser perquè jo sóc el dolent de la pel·lícula. No espereu que digui: «Jo vaig fer això i allò, però llavors ella va fer...».

Ella... Ella... Ella sempre em va amar.

El Sr. Martín em va dir un cop a l'hospital que amar era estimar molt. «Si estimes molt, ames. És el grau superior, és automàtic, no busquis res més...»

En canvi, el George, el meu inesperat company de vaixell a Capri, deia que amar era recordar que has estimat i t'han estimat, però sempre en passat.

Per al George, «Amar només pot conjugar-se en passat. Jo vaig amar... Estimar és present, amar és passat».

El George, el Sr. Martín... Que en vaig aprendre, de coses, sense buscar-ho, i com em tornava tot al cap en aquells moments...

La maleta passava tan lentament pel control que vaig tornar a pensar en aquell home corpulent que em va ajudar quan jo era un nen perdut que s'havia escapat de casa.

La veritat és que quan el vaig conèixer al vaixell rumb a Capri em sentia igual que aquella bossa al control de seguretat.

Jo mirava d'enganyar-lo i fer-li creure que no era un nen que havia fugit, sinó que viatjava sol, però ell sabia que no era veritat.

Ell també tenia una mena de radar per veure dins meu. Per saber què hi amagava i quines eren les meves motivacions ocultes. Detectava la meva olor... La meva olor de por i de pèrdua total, però no me la va confiscar, va deixar que la passés perquè sabia que necessitava fer aquell viatge amb ell.

Recordo que el George, quan vam arribar al lloc del vaixell on feia els seus exercicis, em va dir una frase que no oblidaré mai: «És millor perdre's de petit... perquè si et perds de petit...

9

SI ET PERDS DE PETIT NO ET PERDRÀS QUAN SIGUIS GRAN

... no et perdràs quan siguis gran». I, a continuació, em va fer l'ullet.

Com podia saber el George que jo estava tan perdut?

No vaig contestar-li res. Res en absolut.

Em va mirar i em va preguntar l'edat. Em vaig adonar que coneixia una part de mi, del meu món de nan, i crec que s'imaginava que la meva resposta desvelaria la meva mentida, la meva fugida i les meves pors...

Vaig mentir-li. Vaig dir-li que tenia gairebé quinze anys. Sé que no em va creure. Però no volia confessar-li que tenia tretze anys, que era nan i que em sentia sol en el meu món. No desitjava explicar-li res sobre la mort dels meus pares ni que havia quedat al càrrec del meu germà gran, que a més m'odiava.

Amb els transcurs dels mesos, el meu germà s'havia tornat un nan encara més rondinaire. Si bé jo tampoc estava de gaire bon humor; l'absència del meu pare i de la meva mare em dolien fins a extrems inimaginables.

Per tot allò, teníem baralles cada dia. Cada cop que el veia, cada cop que recordava la promesa que vaig fer a la meva mare de créixer, odiava ser nan, odiava ser petit i mirar-me al mirall.

La veritat és que en aquells anys, per alçada encara semblava un nen, i no un nan. Amb tretze, hi ha nens baixos perquè encara no han crescut prou, però que als catorze fan l'estirada, i també hi ha autèntiques girafes que es queden igual la resta de la seva vida.

Era conscient que si en un any no feia l'estirada, aleshores em quedaria petit per a la meva edat. I seria oficialment un nan.

Els metges deien que tot era possible; per a ells, la meva genètica era un misteri i podia convertir-me en un nan o en un gegantot, com deia la meva mare.

La barrera era als catorze anys. Als catorze no hi hauria marxa enrere: llavors se sabria si deixava de créixer. Potser per això vaig dir al George que tenia quinze anys, una edat en què ja tot hauria passat.

I allò de mentir-li sobre la meva marxa va ser perquè era realment dur explicar-li les raons de la meva fugida.

Una part era deguda al *bullying* que patia a l'escola, l'altra, a la mort dels meus pares, i l'última porció tenia a veure amb el fet de ser un nan i que hagués de cuidar-me un germà amb qui no tenia cap afinitat per raons que us explicaré si tinc prou valor.

Ser un nan... He de confessar-vos que em feia molta por.

Desitjava... Anhelava ser fort i alt. Créixer.

És difícil explicar-ho amb paraules, però saber que no creixeràs, que la marca a la paret es mantindrà immutable amb el pas dels anys és terrible per a un nen, però insuportable per a un adult.

No té res a veure amb tot el que implica ser nan. Els meus pares sempre ho van portar amb orgull, mai es van avergonyir del que eren.

I, a la meva manera, jo també ho duia bé. Des dels cinc anys vaig ser conscient que formàvem una família diferent. Érem com les altres famílies, però en dimensions reduïdes. El meu germà era baix, els meus pares també i jo ho era encara més... Fins i tot vam comprar un gos mini, un salsitxa... Tot a la nostra alçada...

Però després de la seva mort, necessitava canviar, abandonar el que ells eren per convertir-me en allò que jo no havia sigut mai.

Créixer significaria distanciar-me del dolor. Créixer ho faria tot més suportable, perquè m'allunyaria d'ells i així seria més fàcil oblidar la seva mort, l'enterrament i la immensa pena que em va produir la seva pèrdua.

El George va anar a buscar alguna cosa a la zona d'equipatges. Feia la impressió que desconeixia tots aquells pensaments que la seva pregunta havia provocat, o potser se'ls imaginava i m'estava deixant uns segons perquè pogués digerir-los.

Al cap d'uns minuts va tornar carregat amb un pesant sac de boxa vermell i el va penjar en un agafador que semblava inútil fins que ell va descobrir la seva funció ideal. O potser era aquella la seva funció ideal: esperar un dia un sac gegant...

Em va estranyar que portés aquell sac al vaixell. No podia imaginar-me quant podia pesar, però des de la meva perspectiva, devia pesar més d'una tona.

—Porta un sac de boxa amb l'equipatge? —vaig preguntar.

—No és un sac, és part de la meva vida. És com el meu fill, sempre va amb mi a tot arreu.

—El seu sac de boxa és com el seu fill? —vaig comentar rient. Feia dies que no reia.

Oblidar-se de riure: un oblit imperdonable a qualsevol edat. Un pecat mortal en la infantesa.

—No t'agrada que es riguin de tu, oi? —va dir, molt seriós—. Oi? —va preguntar de nou.

—No, no m'agrada —vaig admetre—. Ja s'han rigut massa, de mi.

—Doncs a mi tampoc m'agrada —va respondre amb sequedat—. Aquest sac és la meva possessió més preuada. I has de saber que accepta els cops com ningú. Qualsevol ganxo que li etzibis provocat per la ràbia, per problemes o per qualsevol cosa horrible que t'hagi passat, ell l'absorbirà, el comprendrà i farà que et sentis millor...

Un lleu corrent d'aire ens va copejar la cara. Feia olor de mar i em va recordar on era.

Jo no podia apartar la mirada del sac màgic i en George no la treia de mi.

—De veritat absorbeix els problemes? —vaig preguntar.

—Ho fa. Tu en tens molts ?

—Uns quants —vaig respondre, molt seriós.

Ell no va riure. L'hi vaig agrair. Em va mirar fixament i va tornar de nou a la càrrega.

—Quants anys tens? —va tornar a preguntar-me.

No es va creure la meva mentida. Encara no desitjava respondre aquella pregunta per tot el que implicava, però crec que necessitava confiar en algú.

—Tretze.

—S'ha de ser molt valent per marxar de casa amb tretze anys. —Em va mirar amb respecte i va continuar—: Si un nen se'n va de casa a aquesta edat és perquè s'hi sent obligat per sobreviure... Per créixer. El teu problema té a veure amb això?

Vaig assentir amb el cap. No volia entrar en detalls. Però aquell «per créixer» m'havia perforat l'esòfag. Sé que ell parlava en sentit figurat, però igualment era molt encertat.

—Pega el sac —em va dir—. Et sentiràs millor. Molt millor.

Estava a punt de pegar el sac amb molta ràbia, però abans vaig mirar l'home i li vaig formular la pregunta que feia estona que volia fer-li i que em desconcertava enormement.

—No té por que el vegin amb un nen?

—Por que em vegin amb un nen? —va repetir—. És que pegaràs amb tanta força que em farà por estar a prop teu?

Va somriure. Jo també. Havia estat enginyós.

—Ja m'entén. Al vaixell tothom s'ha adonat que viatjo sol. A més sóc baixet, puc aparentar nou o deu anys, i vostè m'ha portat a l'altra banda del vaixell i no para de parlar amb mi —vaig afegir amb intenció de ser molt més clar.

—Per a mi no ets un nen, ets una energia —va replicar—. Una energia que ara està inestable.

Al pronunciar aquestes paraules, el George em va recordar molt el Sr. Martín.

Ja sé que el Sr. Martín estava a punt de morir, molt feble en un hospital, i en canvi el George estava en plena forma, en un vaixell rumb a Capri. Però en tots dos hi havia una mena de força que m'equilibrava. Era com si formessin part del meu món. I quan parlaven aconseguien atrapar-me i que m'interessés el que m'explicaven. Poca gent més ha aconseguit una cosa així en el meu món, per bé que no he deixat de buscar-ho.

I si bé encara no era conscient, just en aquell precís instant, en aquell vaixell, rebria la lliçó més important que he sentit en tota la meva vida.

Rectifico... Tinc la sensació que l'anciana que parlava de «Si tú me dices ven» superaria aquella lliçó. Encara que és difícil fer un rànquing de les lliçons de la vida. Als tretze anys ho digereixes tot d'una manera i als quaranta d'una altra totalment diferent...

Però tornem a aquell moment en què el George em va explicar la seva teoria, la seva lliçó.

Com passa sempre a la vida, aleshores no vaig donar-li tant valor. És ara que comprenc el seu sentit. No sé com vaig poder estar tants anys vivint d'esquena a les seves paraules.

—Som energia —em va dir mentre sostenia el sac immòbil, esperant que el copegés—. Energia és tot el que veig en aquest món. Energies que t'inunden quan les veus, quan les sents, quan les estimes, quan t'adones que les amaves... Energies que et permeten trobar les teves sendes.

»Les energies no es poden fingir, són les que són. Et poden ajudar a veure el teu futur, o a tornar-te la teva infantesa o adolescència.

»Jo busco energies. No m'importa l'edat, el sexe ni l'aparença física.

»Darrere dels cossos, de les paraules, rere l'amor i el desig hi ha aquestes energies poderoses.

»Som caçadors d'energies, Dani. I fer esport, estar en forma, et fa més bon caçador. Afina el teu cos i les teves energies i així les tindràs a punt per poder-ne aconseguir d'altres que necessites.

»Saps quantes energies has de trobar per completar la teva vida?

No entenia gairebé res, però vaig dir que no amb el cap. No volia que s'aturés.

—Només quatre que t'impactin. És suficient.

Em va mirar als ulls.

—Pega, pega amb ràbia. Transforma el teu problema en un cop i atonyina el sac. Es portarà bé amb tu, t'ho prometo.

Vaig pensar en el malparit del meu germà, en tan malament com m'ho feia passar. Espero tenir força i parlar-vos d'ell en algun moment...

També vaig pensar en la mort dels meus pares. En com els

necessitava a la meva vida... I en la il·lusió que els faria que creixés i la sensació que no ho estava aconseguint, tot barrejat amb la impotència de marxar cap a allò desconegut i la por que em produïa.

Vaig disparar el puny amb totes les meves forces, amb la velocitat de tots els meus problemes i l'amplitud de totes les meves preocupacions.

En l'últim instant hi vaig afegir la soledat, el dolor i la manca d'afecte.

Crec que tot això va fer que l'impacte contra el sac fos brutal. Estic segur que mai havia rebut un cop amb tanta quantitat de matisos diferents.

Vaig pensar que em trencaria alguns dits, però en lloc d'això vaig descobrir que el sac acceptava el meu cop i vaig notar que la meva mà, petita i ossuda, s'introduïa suament en la tela flonja.

Vaig sentir un estrany plaer.

El dolor s'havia convertit en plaer. Vaig somriure.

—Tens on passar la nit? —va preguntar el George mentre m'indicava amb la mirada que estàvem entrant al port de Capri.

Vaig negar amb el cap.

—Vols venir a casa? —em va demanar.

Em va agradar que digués «casa» i no «casa meva». Va ser com si fos nostra.

Vaig assentir. No li tenia cap por.

Vaig pegar quatre cops i després quatre més. Així fins a arribar a la vintena. I a continuació vint més, i a continuació quaranta...

Crec que hi vaig llançar uns dos-cents ganxos, i cada cop em sentia millor. Perquè, encara que cada cop pegava amb més força, notava que aquell estrany sac absorbia tota la meva ràbia i em retornava plaer i benestar.

Ràbia absorbida.

Tant de bo tingués ara el sac; em feia falta extreure tanta ràbia, tants problemes...

10

ELS MOCADORS VERMELLS OCULTEN ELS MORATS

Tant de bo el tingués. L'home de seguretat em va cridar.

Vaig somriure alleugerit. Crec que devia ser la primera persona que s'alegrava que li cridessin l'atenció en un aeroport.

—És seva, aquesta maleta?

—Sí —vaig respondre esperançat.

—Porta una cosa que no pot passar —va afirmar.

—De veritat? —vaig contestar, fent-me el sorprès.

No sé per què, però em va agradar fer una mica de teatre en aquell moment.

Va començar a obrir-me la maleta. Jo seguia feliç, perquè desitjava moltíssim desempallegar-me d'aquella olor.

—De què riu? —em va preguntar l'home d'uniforme, un pèl enfadat.

—De res —vaig respondre—. Coses meves.

Va ficar les mans a la meva maleta sense cap mena de consideració i va començar a regirar-me la roba.

Vaig respirar tranquil. Si la confiscava, podria centrar-me. Necessitava equilibrar-me.

Encara que allò era igualment dur. Perdre aquella olor era com perdre-la a ella per segona vegada.

Instintivament, mentre ell em regirava la maleta, vaig buscar en el mòbil. Desitjava trobar un missatge seu, algun senyal que em donés peu a pensar que la nostra relació encara podia salvar-se.

Però no n'hi havia rastre al meu mòbil.

Vaig sentir una punxada dintre meu. El pitjor de les ruptures és que, si no hi ha cap senyal de remordiment durant l'hora posterior, tot ha acabat. Si n'hi ha algun, potser encara es pot solucionar.

—No pot passar això.

Els seus dits van extreure de la maleta el meu far platejat acabat en un monocle. La meva possessió més preuada.

Vaig esperar que tragués alguna altra cosa de la maleta. Però la va tancar sense treure'n res més. Era impossible que no hagués vist l'enorme ampolla plena de perfum.

És increïble com els mocadors vermells poden ocultar els morats.

Aquell home continuava amb el meu far metàl·lic entre les mans i em mirava amb tanta ràbia que semblava que hagués trobat un revòlver amb empunyadura de nacre.

—És un far enganxat a un monocle. És inofensiu —vaig explicar—. Cap de les dues coses serveix per matar ni per ferir.

—Si treu el monocle és un objecte punxant —va dir mentre tocava l'extrem del far.

—I si dins hi fica bales, pot arribar a convertir-se una metralleta —vaig contestar aclaparat.

L'home em va mirar amb cara de pocs amics, crec que no va entendre la ironia; el pitjor que pots fer amb gent així és fotre-te'n. Perquè llavors els surt el seu jo més cabró.

—Hauré de confiscar-l'hi —va dir amb un to que barrejava autoritat i molt mala llet.

I quan vaig sentir això, de pensar que podia perdre'l, em va sortir el meu jo més feroç.

El bipolar que gairebé tots portem a dins. I és que quan m'enfado perdo el control, és com si s'activés alguna cosa en mi que no es desactiva si no dic tot el que penso.

M'activen les injustícies, el dolor dels altres, el dolor propi, les humiliacions i la incomprensió.

I quan m'activo, els meus ulls adquireixen tanta intensitat que fa la impressió que estigui a punt de cometre una autèntica bogeria. Les meves paraules pugen un o dos tons i no em sento tranquil fins que no ho trec tot.

En aquest estat, gairebé mai aconsegueixo el meu objectiu, però almenys em desfogo.

Sé que podria corregir-ho, però crec que forma part del meu caràcter i m'equilibra.

Així doncs, vaig començar a perdre el control. Vaig començar a vociferar, a intentar que aquell home entengués que el far acabat en monocle era un regal que no podia perdre. Vaig explicar-li que sempre el portava al damunt, que m'aportava seguretat i que no podia desempallegar-me'n de cap de les maneres... Tot això explicat de la pitjor manera possible i afegint-hi insults i renecs.

I és que us he de confessar que ja no era jo qui pronunciava aquelles paraules, sinó el nen de deu anys, aquell que va estar pendent d'aquell home després de la seva operació i que va obtenir moltes recompenses emocionals i una de material en forma de far metàl·lic. Va ser el seu darrer regal. I jo li vaig prometre que mai el perdria, que sempre el cuidaria.

I és que aquelles últimes hores que vaig passar al costat del Sr. Martín formen part del meu ADN... Del nan que vaig ser i al qual algú, per una vegada, va decidir tractar com a un adult.

Sempre he cregut que a la vida hi ha persones que t'alimenten, que t'estimen i a les quals necessites fins a tal punt, que quan les perds no hi ha ningú que pugui omplir aquell buit.

El fet de perdre els meus pares tan jove em va privar de trucades sense sentit de persones que tan sols voldrien saber coses de mi, del meu món i de les meves petites coses.

Quan la mare d'ella li trucava i li preguntava com estava o si tenia l'abric a punt perquè ja arribava l'hivern... Jo sentia tanta enveja...

Desitjaria que existís una persona així en el meu món... Una mare o un pare que em truqués per preguntar-me si aniré a dinar a casa diumenge, si estic bé, si sóc feliç, si tinc prou mitjons, si estalvio, si estic convençut de la meva relació amb la meva xicota, si penso tenir fills amb ella i com penso educar-los.

Els meus pares se'n van anar i ningú va tornar a fer-me aquesta classe de preguntes. I el meu germà hagués pogut agafar el relleu, però no parlava amb ell des de feia gairebé una dècada...

El meus centímetres de més ens van separar. I no va ser només una qüestió de centímetres; va tenir a veure amb estar o no orgullós de qui van ser els meus pares.

Mai va entendre que desitjar créixer no va tenir res a veure amb l'orgull, sinó amb una promesa que s'ha de complir encara que aquells amb qui et vas comprometre ja no siguin al teu costat.

I el fet de perdre el Sr. Martín també em va arrabassar coses... Perquè amb ell se'n va anar part de la meva infantesa, de la creença que la mort només passava als altres i que, ni de manera remota, tenia a veure amb mi. Com n'estava, d'equivocat...

Continuava cridant a l'home de seguretat i el mòbil va començar a sonar. El pare de Capri estava nerviós, el seu fill em necessitava i jo tan sols era capaç de pensar en el Sr. Martín i en recuperar el meu far...

Un nen perdut i un far a punt de perdre's...

11

SÓN PART DE MI... REFLEXOS DE LA MEVA MIRADA

Vaig entrar a l'UVI lentament i notava que tothom es girava davant la meva petita presència.

Tenia por, sabia que era el seu acompanyant i havia d'estar amb ell, però tot plegat em feia una mica de pànic. Només havia entrat en aquell hospital per perdre les amígdales; en teoria, el meu viatge havia de ser molt curt. L'UVI no entrava en la meva ruta.

La resta dels malalts que hi havia ingressats no deixaven de mirar-me. Si bé en aquell moment la diferència entre nan i nen era ínfima, crec que pressentien alguna cosa diferent en mi.

La infermera que havia vingut a buscar-me a l'habitació caminava davant meu i jo la seguia com aquell que és conduït davant algú que el busca amb urgència.

A partir d'un instant determinat, vaig decidir abaixar la vista. No desitjava observar cap dels habitants d'aquell lloc on es barrejaven crits, roncs i dolors silenciats.

La galeria i la diversitat d'aquells tres sons em posaven els pèls de punta. Encara no havia descobert el meu do, així que crec recordar que me'ls hi van posar de veritat.

Vam arribar al final de la sala i el vaig veure.

Semblava que hagués envellit cinc anys i només havien transcorregut cinc hores.

Tenia el tors nu, encara que anava cobert de gases que li donaven un aire de maharaja.

A més, li sortia una desena de cables que partien de diversos llocs del seu cos i li extreien part de si mateix...

—Ara torno, seu al seu costat —va dir la infermera mentre m'acostava un petit tamboret de fusta.

Vaig agafar el tamboret amb una mà i el vaig apropar lentament al seu llit. A l'altra, hi duia els seus objectes, tot el que havia trobat als seus calaixos... Les fotos dels fars, la llista de números, l'estrany artilugi meitat far meitat monòcul...

Tenia la respiració molt forta, semblava que inspirés per quatre.

Tenia els ulls un xic tancats, vaig suposar que era degut a l'anestèsia.

Era el mateix Sr. Martín que havia conegut, però ensopit. Semblava un animal ferit al qual han disparat sense compassió en nombroses ocasions.

Vaig trigar a seure al seu costat. Notava el tacte de la fusta del tamboret a una de les meves mans i l'estrany contacte de tots aquells objectes que havia robat a l'altra.

Em sentia com un intrús a l'UVI, per això tenia por de seure al seu costat.

Era com si estigués usurpant el lloc d'una altra persona que el conegués millor, entengués el seu món i fos digna d'estar a prop seu en aquells moments durs.

Però allà no hi havia ningú més i ell mateix havia dit que persones així no existien...

Vaig dubtar de nou, però al final vaig decidir seure al seu costat.

Vaig col·locar el tamboret al costat del sèrum que l'alimentava. Vaig pensar que el lloc ideal era estar sota el para-sol que el nodria.

Vaig deixar les cartes, les fotos i aquell estrany objecte sobre la tauleta petita que tenia al costat. Era curiós saber que tot allò havia viatjat d'una tauleta a una altra...

El Sr. Martín continuava amb els ulls tancats. Tenia la mà esquerra molt a prop meu, amb els dits lleugerament separats.

Vaig apropar una mà a la seva però no vaig arribar a tocarlo; em vaig quedar just a mig centímetre.

No tenia la sensació que el conegués prou per agafar-li la mà, encara que estigués a punt de morir.

Aquell pensament va ocupar la meva ment només durant un instant, però devia ser molt intens, perquè en aquell mateix moment vaig sentir:

—Tens por d'agafar la mà d'un moribund, Dani?

Em vaig espantar.

El vaig mirar. Havia obert lleugerament els ulls. M'observava.

Tenia la mateixa intensitat que quan l'havia conegut, encara que feia la impressió que el gasoil que alimentava les seves venes havia perdut octans. Alguna cosa en ell anava a un altre ritme, a una altra velocitat.

Notava la seva força però sabia que, tard o d'hora, es paralitzaria.

Li vaig somriure i vaig agafar-li la mà. Va ser un gest instintiu.

—Encara em noto un pulmó —va dir, mentre es tocava el pit—. Això vol dir que no ha anat bé del tot, oi?

—Això sembla —vaig contestar, i vaig estrènyer-li la mà amb força.

—T'han dit si m'estic morint, jove Dani?

Jove Dani... Ningú ha tornat a anomenar-me així.

El vaig mirar i vaig saber que hi ha moments a la vida en què s'ha de dir la veritat i d'altres en què s'ha de mentir.

—Sí, crec que s'està morint.

Aquell era un moment en què calia dir la veritat perquè sabia que encara que hagués mentit, ell no m'hauria cregut.

—Gràcies, Dani —va contestar amb to serè—. T'ho agraeixo, jove Dani.

Va girar el cap envers la tauleta, com si sabés què hi trobaria, com si ho percebés. Va veure de reüll les seves pertinences.

—T'has posat al dia sobre la meva vida?

—Ho he intentat...

—M'agrades. —Va tancar els ulls lleument, però de seguida va tornar a obrir-los—. Saps de què són aquestes fotos?

—Són fars, no?

Va riure. Jo no sabia per què. Al cap d'uns segons, la seva rialla potent es va transformar en una tos profunda.

Odio quan les rialles canvien i es tornen tos o llàgrimes. Quan el so emocional del nostre cos es modifica sense el nostre propi control.

Va deixar de tossir.

—M'apropes les fotografies?

Vaig soltar-li la mà un segon. Vaig passar-li les fotos i les cartes i de seguida vaig tornar a acariciar-li els dits.

Tocar-los era com el salvavides per no perdre l'enteresa.

Aquella situació era tan intensa que em superava.

—No són només fars. Són part de mi —va dir mentre mirava amb molt de carinyo cada foto—. Reflexos de la meva mirada. —Va fer una breu pausa—. He estat l'oculista de molts d'aquests fars. Els he arreglat durant anys. A això em dedicava...

Seguidament va respirar fort. Acte seguit, va continuar parlant...

—Visitar-los em produïa la mateixa alegria que retrobar un fill. Un fill que sempre et mira de reüll i que constantment vigila que ningú tingui un accident.

»Entrar-hi era com sentir els seus budells i tocar el seu esòfag. És el lloc on més m'he sentit jo mateix de tot l'univers.

Va tornar a aclucar una mica els ulls.

No el volia perdre. Vaig estrènyer-li la mà amb totes les meves forces.

—Sóc aquí, jove Dani —va dir, amb un lleu somriure als llavis—. Per on anàvem?

—M'estava parlant dels seus fars.

—Els meus fars, és veritat... —va repetir sense aportar res de nou, a punt de deixar-se novament endur pel son.

—I els adjectius que hi ha darrere del fars? —vaig preguntar-li per tal que continués parlant amb mi—. És com se sentia en retrobar-los?

Va tornar a somriure.

—No... —Va fer una llarga pausa—. És com se sentien ells. Com jo percebia que se sentien.

Va agafar un grapat de fotografies, les va anar girant per llegir els adjectius i me'ls va anar comentant lentament.

—Alguns se sentien vells, tristos. D'altres afortunats, feliços, útils... La majoria, cansats... Jo els arreglava i sempre em quedava a passar la nit amb ells. Els acariciava el llom des de l'exterior, els apropava l'orella i escoltava tot allò que volien explicar-me. Han salvat tantes i tantes vides...

El vaig mirar. Sabia que els fars no estaven vius, però ell en parlava amb tanta força i realisme que em va fer dubtar.

El vaig observar fixament; ell també em mirava, esperant el meu veredicte. No volia donar-li la raó tan sols perquè s'estigués morint. No era just.

—Els fars no estan vius, Sr. Martín —vaig sentenciar.

No va respondre. Va continuar mirant-me una estona llarga.

—Què és estar viu? —em va preguntar.

Odio quan em fan preguntes que sé que són absurdes, que tenen trampa o que no es poden contestar. No vaig respondre.

—Estar viu és... Donar vida —es va respondre a si mateix—. Donar vida a aquells que t'envolten. Qualsevol cosa que doni vida, està viva, no ho oblidis. Imagina les vides que han salvat aquests fars, les vides que, gràcies a ells, no s'han enfonsat en el mar...

De sobte va somriure. Vaig pensar que havia recordat alguna cosa personal que exemplificaria millor aquell «donar vida».

—Als disset anys em vaig enamorar d'una maniquí...

Va riure tan fort que les tres infermeres que cuidaven els malalts es van girar a mirar-lo.

—Era una maniquí preciosa. Cada dia a les tres passava per davant d'aquella botiga i admirava la seva figura, l'elegància amb què portava els vestits, la seva manera d'observar els vianants, i com dominava tot l'aparador amb la seva quietud.

»M'agradava tant que no podia conformar-me de veure-la des de fora. Així doncs, quan vaig fer els divuit anys vaig començar a treballar de dependent en aquella botiga.

»I llavors vaig poder cuidar-la, defensar-la de les clientes que sempre volien emportar-se la roba de la maniquí perquè creien que els cauria millor.

»Et puc assegurar que mai li van prendre una peça de roba, no ho vaig permetre. Hauria estat humiliant per a ella, quedar-se nua a l'aparador.

Va somriure de nou, però en aquella ocasió vaig identificar un punt de nostàlgia en el seu rostre.

—Saps, jove Dani? Cada nit, després de tancar la botiga, posava una cançó i ballàvem plegats... Aquell era el nostre instant, només nostre. Ella estava viva... Perquè em donava vida. —Em va mirar fixament—. Vols saber les lleis per ser feliç en aquest món?

Em vaig quedar sorprès, no m'esperava en absolut aquella pregunta després de parlar de fars els lloms dels quals s'acaricien i de maniquins que ballen amb dependents al capvespre.

Ara era ell qui m'estrenyia la mà amb força. Amb molta força...

—Vols saber-ho, jove Dani? T'atreveixes a escoltar un codi que et produirà felicitat sense límits?

Abans que pogués respondre que sí, la infermera va entrar i em va comunicar que havia d'anar-me'n perquè s'havia acabat l'hora de visita.

Vaig protestar, però sense gaire convenciment. En aquella època no era tan bel·ligerant i, a més, em vaig adonar que el Sr. Martín necessitava descansar.

Mentre sortia de l'UVI, altre cop amb els seus preuats objectes, vaig témer que la meva felicitat futura morís amb ell. Que mai em revelés aquell codi i jo estigués sempre perdut...

12

TOT EL QUE ABANS HAVIA ESTAT AMOR

—Cordi's el cinturó.

Aquella hostessa que s'amoïnava tant per la meva seguretat em va rescatar del record de l'home que posseïa la meva felicitat eterna.

Seguretat contra felicitat. A la mà conservava el far de plata arrodonit en forma de monocle.

Aquella vegada les meves súpliques van funcionar; potser l'home de seguretat havia sentit empatia amb la meva història, o qui sap si també hi havia hagut un Sr. Martín a la seva vida.

Això sí, no vaig aconseguir desprendre'm de l'olor d'ella. Després de la meva victòria no podia demanar-li encara un altre favor. La seva fragància descansava per damunt del meu cap i des d'allà m'arribava l'olor.

Tal vegada fos un senyal no haver-la perdut; potser encara no era el moment...

Vaig estrènyer el far amb força, igual que aquell dia havia estret la mà del Sr. Martín.

Vaig decidir que era hora d'anar per feina. Havia d'ocupar-me d'un nen desaparegut. En menys de dues hores, el seu pare em faria un munt de preguntes i jo havia de tenir un parell de respostes a punt.

De camí a la pista d'envol, vaig activar el correu electrònic al meu mòbil i de seguida vaig rebre el dossier que el pare del nen m'havia enviat.

Vaig somriure. La tecnologia encara em fascina.

—Ha d'apagar el mòbil.

Els policies disfressats d'hostesses també em fascinen.

Volia veure el rostre del nen desaparegut abans que ens enlairéssim, m'hauria ajudat molt, però aquella dona no se separava de mi.

Havia de veure-li la cara perquè sabia que connectaria amb ell. Sempre empatitzava amb els nois desapareguts tan bon punt els veia el rostre... Recordava la meva quan em vaig escapar i això em donava forces per a la recerca.

Vaig tornar a pensar en la frase del George sobre perdre's de petit per evitar perdre's de gran. Ara no estava gaire d'acord amb aquella sentència. Jo m'havia perdut de petit i, tot i això, em sentia totalment perdut d'adult.

Vaig apagar el mòbil.

L'hostessa se'n va anar feliç per la seva petita gran victòria.

Estàvem a punt d'enlairar-nos quan, de manera inconscient, em vaig palpar la butxaca interior de l'americana. Sempre ho feia abans de començar un viatge en cotxe, vaixell o avió.

Vaig sentir confort en notar el petit sac negre on portava els meus dos anells.

Un era del meu pare. L'hi vaig treure el dia de l'enterrament. Mai me l'havia posat. El meu pare es deia Mikel, i a l'anell ja només s'hi llegia «Mi». El «kel» havia desaparegut amb els anys.

Aquell «Mi» significava moltes coses... El que era el meu pare per a mi, el destí per a mi, l'anell per a mi, la força per a mi... tot per a mi...

Encara jo no era digne de l'anell, i ho notava. Quan ell portava posat aquell «Mi», l'anell fins i tot brillava, carregat d'una força increïble.

L'altre anell era el que ella m'havia regalat el dia que em va estimar més. Sé que és difícil creure que pugui saber quin va ser el dia exacte que em va estimar més que cap altre.

Però us juro que, quan una relació s'acaba, es pot arribar a descobrir quin va ser aquell dia. Ho notes... Ho pressents.

Suposo que mentre recorres el trajecte veure els alts i els baixos resulta impossible, però un cop acabada la cursa, els perceps amb claredat.

Sé que encara he d'explicar-vos la meva relació. Us ho he promès. He de parlar-vos d'ella, de com la vaig conèixer, com em va captivar, de tots els meus errors, de per què els vaig cometre i de com han acabat amb tot allò que abans havia estat amor. Tot allò que abans havia estat amor...

Una vegada, en George em va dir que és impossible entendre una relació si no has vist la parella discutir, estimar-se i dormir plegats.

Discutir, estimar i dormir...

L'avió va enlairar-se i vaig estrènyer amb força els dos

anells; em donaven la seguretat que res dolent succeiria. I és que desprenien la força de les persones que més he estimat...

Vaig lamentar no haver vist la fotografia del xaval desaparegut, desitjava tornar als meus dies com a nen perdut.

Després de l'enlairament vaig decidir tancar els ulls, oblidar-me del viatge i recordar una mica més els meus dies amb el George...

13

APRENDRE A CAURE ABANS DE CAMINAR

Un cop ens havíem enlairat, vaig tornar a l'instant en què el vaixell va atracar a Capri.

El George va agafar el sac de boxa i se'l va posar a l'esquena. Vaig témer que la seva cama ortopèdica cedís sota el pes d'aquell immens sac que jo havia copejat amb tanta força minuts abans.

—Tens por que caigui? —va preguntar mentre baixava per una passarel·la intransitable fins i tot sense anar carregat.

—Una mica —vaig contestar, apartant-me una mica d'ell per tal que no m'esclafés si ensopegava.

—Mai he caigut. No pateixis. Abans d'ensenyar-me a caminar amb la cama de fusta, em van ensenyar a caure.

—Abans a caure que a caminar? —vaig preguntar amb curiositat.

—Sí, així vaig perdre la por de les caigudes. I si perds la por de caure, camines millor i fins i tot t'atreveixes a córrer.

»Tot a la vida hauria de ser així. Primer caure i després caminar.

Vaig somriure i m'hi vaig apropar de nou; volia que sabés que confiava en ell.

—Quants anys tenia quan la va perdre? —vaig preguntar.

—Els mateixos que tu quan has decidit fugir.

No es va girar, però vaig notar el seu mig somriure carregat d'ironia.

Em vaig enfurir.

—No he fugit d'enlloc. Ja l'hi he dit —vaig insistir.

—Aleshores... Què ha passat?

—Me n'he anat —vaig afirmar amb rotunditat.

No va preguntar res més. Vam continuar caminant en silenci durant trenta minuts.

Vam anar per pendents impossibles, girs molt tancats, carrers llargs... Ell mai va canviar el pas. El va mantenir constant, sempre al mateix ritme.

Finalment vam arribar a una petita casa de color blanquinós.

La porta estava oberta. No va ficar-hi cap clau.

Vam entrar-hi i el George va baixar el sac per unes escales que portaven al pis inferior. Jo em vaig quedar esperant a la porta.

Vaig dubtar si anar-me'n; va ser tan sols un pensament que va sorgir del fet de quedar-me sense la seva influència.

Però no ho vaig fer, sabia que encara havia d'aprendre moltes coses d'ell. A més, no us negaré que no volia estar sol.

Al cap d'uns segons va tornar al meu costat i caminava tan ràpid com quan portava el sac.

Ens vam dirigir al centre de la casa. O al lloc que a mi em

va semblar el seu centre de gravetat. Tota l'estança estava a les fosques.

El George va obrir les finestres principals de la casa i allà mateix hi va aparèixer un increïble balcó. M'havia confós, aquell era el vertader centre.

Vaig sortir a la impressionant terrassa i em vaig quedar fascinat davant les esplèndides vistes que abastaven gairebé tota la costa de Capri.

No m'havia adonat que els pendents ens havien situat en una elevació privilegiada que ens permetia contemplar aquella vista.

De vegades, a la vida passa el mateix; la dificultat dels pendents fa que t'oblidis que no deixes de progressar i de continuar pujant.

Vaig mirar aquella postal de Capri i en aquell mateix instant vaig adonar-me que era molt afortunat.

De sobte vaig veure que un costat de la costa estava coronat per un far, la intensitat del qual m'arribava malgrat la llunyania.

A més, no era un far qualsevol, era un que jo coneixia molt bé... Aquell far màgic era la raó per la qual havia decidit escapar a aquella illa.

Vaig furgar a la butxaca i en vaig treure el far de plata acabat en monocle. El vaig observar d'amagat, perquè no volia que en George en sabés res, de tot allò. Després vaig mirar el model de dimensions reals.

Eren iguals; l'un, petit i de plata, i l'altre, gegantí i amb aparença d'or. El gegantí el tenia al davant, i el petit a la mà.

El Sr. Martín em va dir que el far de Capri era el seu fill preferit. I per això havia decidit immortalitzar-lo en metall.

Com necessitava recordar el Sr. Martín, els seus consells, el seu món...

Vaig mirar el George i vaig saber que necessitava que ambdós s'unissin en aquell instant tan plaent per a mi. I és que en aquell moment jo era just on desitjava ser.

—Té una càmera de fotos? —vaig preguntar-li.

Va assentir i va anar a buscar-la en un calaix de la tauleta que hi havia a la sala principal. Altre cop les tauletes i els objectes que contenen.

Me la va portar i em vaig fixar que era una càmera tradicional, de carret.

—M'encanta el plaer de revelar —va dir com si es justifiqués, encara que crec que en presumia—. La no immediatesa...

—Les revela vostè?

—Sí, si vols després te n'ensenyo. —Em va donar la càmera—. Pren-te el temps que necessitis per fer la foto, només queden dos disparaments en aquest carret. Vols retratar la badia?

—No.

Vaig agafar la càmera i el vaig enfocar. Va abaixar lleugerament la mirada.

De fons, el far desenfocat. Orgullós. Vaig notar que es quadrava davant l'objectiu.

Vaig mirar d'enfocar els dos junts. Era difícil.

Al final, em vaig prendre el meu temps, tal com ell m'havia aconsellat, i vaig aconseguir enfocar-los a mitges tot dos. Jo també em vaig sentir orgullós.

Sabia que un cop tingués la foto a les meves mans, al darrere escriuria: «Afortunat» o «Orgullós». Tots dos adjectius eren idonis. Encara que jo ja sabés quin era real: el que el Sr. Martín li havia posat.

En George va agafar la càmera i em va fer una foto a mi amb el far de fons.

Sempre sabia el que estava passant, el que jo pensava.

Va ser tan ràpid el seu disparament que no vaig ser capaç de somriure ni de fer cap tipus de cara.

Just després que em fes la foto, el carret va començar a girar a tota velocitat. Semblava que la pel·lícula fes un crit de felicitat, contenta de poder tornar finalment a casa.

En sentir aquell so em vaig adonar que feia molt de temps que l'havia oblidat...

—Hem de trucar als teus pares —va dir, trencant el so i el moment—. Deuen estar amoïnats.

—No en tinc, de pares —vaig respondre secament.

Vaig notar una lleugera tristesa a la seva mirada.

—Doncs a la família que et cuida... i t'estima.

Em va agradar la pausa que va fer entre «et cuida» i «t'estima». Estic segur que significava alguna cosa en el seu món.

—Tampoc en tinc —vaig respondre.

No mentia.

Feia anys que el meu germà no em cuidava ni m'estimava. Si hagués dit «la família que t'aguanta i et suporta», aleshores hauria hagut de dir-li la veritat.

El sol començava a fugir com sempre a aquelles hores.

El George em mirava intensament.

—Has vist *Horizontes de grandeza*? —em va preguntar, canviant de tema.

—És una pel·lícula? —vaig demanar.

Va somriure i va acabar rient.

—És la pel·lícula.

Es va apropar a mi i per primer cop em va tocar.

Em va posar suaument una mà a l'espatlla.

—T'agradarà. Va d'algú que lluita contra tot. I també de la immensitat del món i de la nostra petitesa. Et ve de gust veure-la?

Vaig dubtar. En George va insistir.

—Podem mirar-la mentre sopem, i després revelem el carret.

Jo continuava dubtant. Ell seguia intentant convèncer-me.

—En aquest carret hi ha fotografies de fa gairebé set anys. Tinc moltes ganes de contemplar-les. He esperat molt de temps... Però abans tinc ganes de gaudir d'alguna cosa majestuosa. Les coses mítiques s'han de potenciar.

El vaig mirar.

—Set anys, porten les fotos en aquest carret?

—Sí.

—I per què no les ha revelat abans? S'hauran fet malbé.

—És possible. Però no tenia res més a fotografiar. I deixar aquestes dues fotos en negre no m'hauria semblat bé. És un carret de vint-i-quatre instantànies i mereix sentir-se útil del tot... —Va fer una pausa—. A més, se'm feia difícil veure les fotografies, perquè fa anys que vaig perdre la persona que hi apareix.

El silenci es va fer tan profund que no vaig ser capaç de trencar-lo.

Ell observava la costa i jo el mirava a ell. Just al contrari del que va passar en el vaixell, quan jo mirava el sac i ell m'observava a mi.

Van transcórrer uns deu minuts.

Finalment vaig decidir rescatar-lo.

—La pel·lícula, és tan bona com diu?

El vaig rescatar.

—És la millor. —Va recuperar la felicitat—. Et proposo una cosa: queda't aquí tres dies. T'ensenyaré a ser fort fent esport, veurem cada nit un clàssic i revelarem les fotos a poc a poc. Vuit abans de cada matinada de vida.

—I després...? —vaig preguntar—. Quan hagin passat els tres dies...?

M'imaginava la resposta però no volia escoltar-la dels seus llavis.

—Després hauràs de tornar a casa. Però el més important és que durant tres nits aturarem el món.

—Aturarem el món?

Va assentir.

Em va tocar l'espatlla de nou, i en aquesta ocasió em va acariciar els cabells amb suavitat.

—Mai has aturat el món?

—Què és aturar el món?

—Aturar el món és decidir conscientment que sortiràs

d'ell per millorar tu i millorar-lo. Per poder moure't i moure'l millor.

»En aquest temps has d'intentar que res ni ningú et causi problemes.

»Alimentar-te de bona literatura, de bon cinema i, sobretot, de la conversa d'una única persona que t'inspiri en aquest món. I, saps què...?

—Què? —vaig repetir ple d'emoció i fascinació.

—Després el món et premia. L'univers conspira a favor d'aquells que el mouen. I aquests són els que l'aturen. Tu vols moure el món o que ell et mogui a tu?

—Moure'l —vaig respondre amb seguretat—. Moure'l!

La seva veu es va unir a la meva i junts vam cridar: «Moure'l, moure'l!».

I tot el que el mouríem... Aturant-lo.

14

UNA MÀ PLENA D'ESPERANÇA I UN XEC EN BLANC

Dins l'avió, rumb a Nàpols, em vaig adonar que no havia tornat a parar el món des d'aquella darrera vegada que ho havia fet amb el George.

No sé per què vaig donar tan poc valor als seus ensenyaments ni com era possible que els hagués pogut oblidar.

La veritat és que vaig crear i aprendre tantes coses, quan vaig aturar el món...

Si bé és possible que hagués deixat d'aturar mons perquè no vaig trobar ningú amb qui fer-ho.

El George em va advertir que feien falta dues persones per aturar el món. Que una sola mai té la força suficient per fer-ho.

L'avió va aterrar, demostrant que ni el món en aquell instant deixava de girar.

Tan bon punt vam aterrar, vaig connectar el mòbil i vaig fer un cop d'ull a la cara del nen desaparegut. Tenia gairebé deu anys i el seu rostre reflectia una vitalitat i una felicitat extraordinàries.

Els pares sempre m'envien les millors fotografies dels seus fills. Aquelles en què surten més bufons, més sans. Si bé jo sempre necessito les altres; aquelles en què estan tristos, enfadats o una mica disgustats.

La cara dels nens canvia tant, segons sigui l'emoció que expressen, que si no tens la foto adequada pots acabar trobant el nen equivocat.

Havia desaparegut feia dos dies. En realitat, i si feia cas de la documentació que m'havien enviat, l'havien segrestat.

El pare m'havia fet arribar també la carta que els havia enviat el presumpte segrestador.

No vaig llegir-la, mai ho feia. Abans volia conèixer el pare, visitar el seu col·legi, veure l'habitació del nen. Abans d'arribar al final de la pel·lícula volia veure-la sencera des del començament.

He d'entendre primer el fill, després el pare i finalment el possible segrestador.

De moment, la policia no havia estat advertida. Els pares sempre solen respectar les condicions de la persona que reté el seu fill.

No obstant això, un cop haguessin transcorregut setanta-dues hores, el pare sucumbiria i els trucaria. És el màxim d'hores que pots estar sense el teu fill i no proclamar-ho als quatre vents.

Segons em relatava el pare, el nen havia sortit de l'escola a les 17.30 i no va arribar a casa. Ningú el va veure entrar en cap cotxe sospitós. No hi havia cap pista més.

La història començava com tantes altres, un nen que desapareix de la faç de la terra sense deixar cap rastre. Sempre comencen així...

Si bé sempre he cregut que la història no succeeix ben bé d'aquesta manera. Un nen no desapareix sense motiu. O se'n va o se l'emporten. No hi ha més. I si se'n va és perquè té una vida molt fotuda.

El pitjor moment de la meva feina és quan descobreixo que en realitat algú se l'ha emportat i és gairebé impossible trobar-lo. De tant en tant passa. No sóc infal·lible.

En aquest món hi ha gent que s'emporta nens, se'ls queda i els esprem sense sentit.

Les odio tant, aquestes persones... Quan em trobo amb una d'elles, seria capaç de matar-la. Sempre he de contenir-me, encara que sé que algun dia no en seré capaç i faré una bogeria.

Odio profundament qualsevol que sigui capaç de robar a un nen part de la seva innocència. Al meu entendre, aquest és un dels crims més grans que existeixen, el fet de robar-los la seva innocència...

Fora de l'aeroport m'esperava el pare del nen.

Vaig saber que era ell tan bon punt el vaig veure, no calia que portés un cartell ni cap peça de roba en particular. Els ulls eren el seu senyal d'identitat. Irradiaven cansament, es notava que portava sense dormir el mateix temps que feia que el seu fill havia desaparegut.

Em va donar la mà i un xec al mateix temps. La mà estava plena d'esperança, el xec, en blanc.

—Hi pot posar la quantitat que vulgui. És seu si troba el meu fill —va ser el primer que em va dir.

Vaig acceptar la seva mà, però vaig rebutjar el xec. No necessitava incentius.

El meu motor sempre era el mateix, trobar el nen. Cobrava el que considerava just, mai no era un preu abusiu.

Si m'aprofités de la gent en moments com aquells, no seria millor que el presumpte captor dels nens.

Vaig intentar mantenir la fredor. És important a la meva feina. D'esperances, les justes; és el que he après amb el temps.

Vam pujar al cotxe. Era un vehicle molt car.

Quan va arrancar vaig acaronar suaument la bosseta amb els anells. A continuació vaig observar el pare. Li costava conduir, crec que feia temps que no es posava al volant. Devia tenir xofer, però en aquella ocasió havia preferit que no l'acompanyés. Segurament no havia parlat de la desaparició del seu fill ni tan sols amb la gent més propera.

Vaig tornar a centrar-me en aquells ulls inflats per la falta de son i l'abús de llàgrimes. És la barreja més poderosa que hi ha per engrandir els ulls.

—Faré tot el que pugui —vaig assegurar.

Em vaig sorprendre dient la frase en veu alta. No sé per què la vaig deixar anar; suposo que estava tocat per la meva pròpia ruptura, o potser els ulls de l'home em van recordar massa els meus quan, amb deu anys, vaig perdre el Sr. Martín.

I és que vaig plorar tant per ell... Al dia següent, la infermera em va dir que havia empitjorat i que li quedaven pocs dies de vida.

Saber que el Sr. Martín es moria lentament a l'UVI i que

jo era l'única persona en aquest món que patia per ell em va deixar molt angoixat.

I el pitjor de tot va ser que no em deixaven veure'l, ja que jo també m'havia de sotmetre a una operació i ell no podia rebre visites.

Vaig plorar tant en aquella habitació buida que mai vam arribar a compartir.

Tenia moltíssima por que es morís... Por de perdre'l i també perquè mai arribés a explicar-me com s'aconsegueix la felicitat.

Perdre algú sense haver arribat a conèixer-lo produeix una impotència terrible.

Recordo que cada cop que s'obria la porta de la meva habitació esperava que fos la infermera que venia a buscar-me.

Però ningú venia... Durant aquells dies que no el vaig veure em van extirpar les amígdales, em vaig recuperar ràpidament i vaig revisar tots els objectes del Sr. Martín...

Gairebé coneixia les seves fotos dels fars de memòria, per mi era com si fossin cromos d'una exitosa col·lecció juvenil. Fins i tot havia triat els meus preferits i els havia ordenat per països.

Finalment, després de dos dies sense notícies, quan ja havia perdut l'esperança i estava a punt de tornar a casa... La infermera va venir a buscar-me.

Vaig decidir traslladar-me novament a aquell instant de la meva infantesa. Necessitava evadir-me de la tristesa d'aquell pare fins que arribéssim a casa seva i pogués veure l'habitació del nen.

Vaig mirar un altre cop els ulls del pare i em vaig adonar de la quantitat de semblances que hi ha entre dos parells d'ulls desolats.

La seva mirada va ser el passaport perfecte per tornar al meu passat...

15

LA MEVA SEGONA UVI

La segona vegada que vaig trepitjar l'UVI no hi vaig entrar a pas lent sinó de pressa, ja que temia que em fessin fora d'allà ràpidament.

Vaig anar corrents al lloc on havia vist per darrer cop el Sr. Martín, però ja no hi havia ningú. Tan sols vaig trobar-hi un llit buit amb el matalàs recollit. Odio que els col·loquin així; és senyal d'una gran desgràcia...

Em vaig témer el pitjor. La infermera em va mirar amb l'expressió estranya de qui no desitja ser portador de males notícies però sap que és el que ha de fer.

—Està a l'ala de malalts molt greus —va anunciar sense cap delicadesa.

No sabia que hi hagués una ala per als malalts molt greus a l'UVI. Creia que el fet de ser a l'UVI ja implicava molta gravetat. Vaig preguntar-me si hi hauria també una ala per a malalts tremendament greus.

Després, la vida m'ha recordat en moltes ocasions que sempre hi ha un esglaó inferior a l'inferior i també un de superior al superior.

La infermera em va acompanyar fins a una porta tancada. Semblava que comuniqués amb una altra sala que quedava totalment aïllada de la resta dels malalts, tan visualment com sonorament.

Suposo que ningú vol veure morir una altra persona, ni tan sols aquells que estan a punt de morir.

Vaig obrir la porta i en aquella estança insonoritzada vaig veure cinc o sis malalts més. L'últim de tots era el Sr. Martín.

Tenia el triple de cables que l'última vegada que l'havia vist. Tot allò l'ajudava a respirar, a controlar-li el cor i a extraure i fer entrar tot tipus de coses al seu cos.

Em va fer l'ullet. Això em va ajudar a no ensorrar-me.

Em vaig apropar a ell; a prop, molt a prop. Vaig notar la seva respiració, que era molt dèbil en comparació amb l'última vegada que l'havia sentida.

—T'han operat? Estàs bé? —van ser les seves dues primeres preguntes.

—Sí, estic bé, Sr. Martín.

Va somriure i em va tocar lleugerament el coll allà on abans hi tenia les amígdales.

—I vostè?

Va fer un gest de circumstàncies, d'«així és la vida».

Aquest gest existeix, us ho puc garantir, i diu exactament el que us acabo d'explicar.

Vaig deixar de nou els seus objectes fetitxe damunt la tauleta, al costat del seu llit.

Aquella tauleta era molt més petita. Suposo que, quan la mort s'acosta, les tauletes també llangueixen. Ja no queda gairebé res per guardar, així que tampoc fa falta gaire espai...

Va somriure en veure les fotos de fars i els sobres amb números al seu interior.

—Saps què són, els números que hi ha dintre?

Vaig negar amb el cap. Les paraules gairebé no em sortien, perquè temia que es morís en qualsevol moment.

—El meu pare era jugador de pòquer. —Tenia la veu molt feble però s'entenia tot el que deia—. Des que era petit, veia gent que venia cada nit a jugar a casa meva. Portaven purs, begudes, i passaven vuit o deu hores seguides jugant al saló.

»Jo dormia en aquell saló. En un sofà que hi havia a un racó del fons. El meu pare m'obligava a dormir allà perquè així podia vigilar-me amb un ull mentre amb l'altre controlava les seves cinc cartes.

»Estimava tant el pòquer com a mi. Era un gran home que va perdre la seva dona massa aviat i no volia perdre's també la infantesa del seu fill.

»Jo sempre el mirava amb admiració mentre jugava. M'entusiasmava veure aquelles partides de pòquer plenes de matisos i d'emoció.

»En veia uns que guanyaven, d'altres que perdien. Nit rere nit, la sort canviava i amb ella els guanyadors i els perdedors.

»De tant observar-los i sentir-los, al final era capaç de saber, fins i tot amb els ulls tancats, qui feia trampa, o qui tenia una catxa o una escala reial. Tot per la manera en què respiraven, les cigarretes que s'encenien o un lleuger canvi de cadència en la forma d'apostar i de parlar.

»Eren detalls gairebé imperceptibles, però per a mi eren part de la banda sonora del meu son i distingia els seus matisos tant despert com adormit. Em vaig convertir en un expert i de tant en tant ajudava a guanyar el meu pare.

»Des dels set anys, em vaig enamorar d'aquella passió incontrolable anomenada joc.

»Encara que jo, al joc, l'he anomenat sempre vida. Vida amb atzar, perquè no és la vida també atzar, jove Dani?

Vaig assentir lleument. No podia deixar de mirar-lo. Els seus ulls havien virat subtilment del cansament a la passió.

—Quan vaig ser més gran, vaig començar a jugar a pòquer —va continuar—. Però aquell era el seu joc. Mai podria ser millor que ell. M'ho va ensenyar tot però mai vaig dominar el joc.

»Cors, diamants, trèvols i piques eren la seva passió però no la meva.

»Em va ensenyar una regla bàsica aplicable a qualsevol joc: "Sempre aposta només el que no necessitis". És el més important per no arruïnar la teva vida ni la dels que tens al costat... "Mai incompleixis aquesta norma, mai", em va demanar moltes vegades.

»Als deu anys em jugava la meitat de la meva setmanada, als vint la meitat del meu sou. Però mai vaig perdre el control, sempre allò que no necessitava, i la resta era per viure.

»També em va mostrar que el goig de guanyar mai havia de ser superior al de perdre.

»Perdre pot ser molt agradable, perquè fa que entenguis millor el valor de guanyar. A més, amb el temps, les pèrdues acaben convertint-se en guanys.

Va deixar de respirar durant uns segons. Va ser com si s'apagués, però abans que pogués avisar ningú, va continuar com si res hagués passat. Va ser tenebrós.

—Vaig buscar durant deu anys el meu joc. El meu pare assegurava que cadascú en tenia un, aquell amb el qual ens sentíem en consonància i que aconseguia que alliberéssim la nostra adrenalina de manera totalment plaent.

»El pòquer no va ser mai el meu joc, ni les curses de cavalls ni les de gossos llebrers. Tampoc notava res especial jugant a les quinieles o a la loteria.

»Fins que va aparèixer ella i amb ella el joc de la meva vida...

Va remenar els sobres amb números. Li resultava complicat perquè tenia els dits plens de cables i benes, però no va parar fins a trobar el que buscava.

D'un dels sobres va treure una llista de números i la fotografia d'una noia. No sé com no l'havia vist abans.

A la fotografia, la noia portava un vestit estrany, alguna cosa semblant a un uniforme. La foto s'havia fet a l'exterior d'un castell.

Ella fumava i tenia la mirada perduda. Tenia un aire de maniquí, o això em va semblar.

—Vaig fer-la durant un descans. —Va somriure i vaig veure-li la dentadura per primera vegada—. Cada hora els empleats podien abandonar el casino uns minuts per fumar.

Jo sempre deixava de jugar a la mateixa hora que ella i l'observava des de lluny.

»Mirar-la des de lluny em proporcionava un plaer incommensurable. Suposo que era perquè sempre la tenia a prop, molt a prop... A menys de deu centímetres de mi, cada nit.

»Ella era la cap de la taula de la ruleta del casino que hi havia en un preciós castell.

»La ruleta mai m'havia cridat l'atenció fins que vaig veure-la llançar la bola. I és que la llançava amb una elegància suprema, i feia girar la ruleta amb una força que el so que es produïa era gairebé addictiu.

»Et juro que quan ella repartia sort, la gent hi apostava el triple.

»Jo em limitava a quedar-me a prop seu. L'observava, l'ensumava, la sentia i, de tant en tant, li donava un parell de fitxes per apostar al 17 i al 19.

»Aquells van ser els meus primers números fetitxe, més endavant van canviar. I molt més endavant es van modificar per complet...

La infermera va tornar amb més medicaments i ell va interrompre la narració durant uns minuts. Crec que no desitjava compartir allò amb qualsevol. Em va fer sentir important.

Quan la dona va marxar, no vaig poder contenir la pregunta que em ballava pel cap des que havia començat a explicar-me aquesta història.

—I es va casar amb ella?

Va riure i va tossir a parts iguals. Aleshores no em va importar.

—Mai vaig arribar a parlar amb ella. Mai... Vaig mirar-la centenars de vegades de prop i la vaig observar milers de cops des de lluny. Quan la van canviar de casino, vaig seguir-la i vaig mantenir la meva rutina. Proximitat i llunyania, observada i desitjada.

»Amb el temps, l'amor i la passió que sentia per ella els vaig traslladar al joc.

»Tot aquell amor el vaig passar a la ruleta. Cada cop que la seva mà tocava la bola, jo jugava amb la seva màgia. Era una forma de fer l'amor amb ella, de sentir que fèiem alguna cosa plegats...

»I així vaig trobar el meu joc, la meva passió i el meu delit... A partir d'allò, tot es va descontrolar i vaig convertir-me en un professional de la ruleta.

El Sr. Martín va agafar un parell de sobres més i en va treure uns fulls plens de números, que em va ensenyar.

—Cadascun d'aquests fulls ple de números parla de la ruleta d'un casino determinat. Les xifres finals de color vermell són els guanyadors. Si hi apostes, sempre guanyaràs, sigui l'hora, el dia o l'estació de l'any que sigui.

Em va estranyar una afirmació tan contundent. No havia jugat mai a la ruleta, però no em semblava tan senzill.

—És impossible. No pot saber els números guanyadors i encara que així fos, quan substituïen les ruletes, els números també es modificaven, no? —vaig preguntar.

—No... —Va somriure—. He estat en tants casinos que et puc assegurar que el factor important no és la ruleta sinó el terreny sobre el qual està instal·lada. La gravetat i l'atzar fan que hi hagi números escollits per la fortuna —va dir amb una seguretat aclaparadora.

Va agafar els sobres per la fortuna i me'ls va donar.

—Són per a tu. Valen molts diners. Vull que te'ls quedis, jove Dani, i que juguis només quan ho necessitis.

Vaig acceptar aquell munt de papers arrugats sense saber què dir. Mai m'havien incitat a ficar-me en el món del joc.

—I ella? —vaig preguntar—. Va morir?

Va trigar a respondre. Va trigar molt.

—Vaig perdre-li la pista fa anys... M'he passat la vida buscant-la.

—Per dir-li el que sentia? —vaig preguntar.

—No. —Va somriure, tant que fins i tot vaig veure-li un tros del paladar—. Per veure-la de lluny i de prop. Hi ha persones en aquest món, jove Dani, que t'alimenten només amb la seva presència. No necessites res més. Et donen energia...

Energia. El mateix concepte que anys més tard sentiria en boca del George...

Però en aquell moment no vaig entendre res sobre aquella ruleta, sobre la misteriosa noia ni sobre l'energia.

Jo pensava que m'ensenyaria les claus de la felicitat i, en canvi, només em parlava d'addiccions i de covardia davant l'amor.

No vaig dir-li què pensava però ell, de nou, em va llegir la ment.

—La felicitat no existeix, Dani —va dir, i aquella va ser una de les poques vegades que no va pronunciar «jove» davant del meu nom—. Només existeix el fet de ser feliç cada dia. Si penses en el concepte global de felicitat, tot cau pel seu propi pes.

»Mira per la finestra...

Em va assenyalar un vidre petit, gairebé minúscul, que donava al carrer. M'hi vaig apropar. M'horroritza que els malalts molt greus no tinguin grans finestrals. Necessiten tant el carrer, els finestrals... Necessiten poder acomiadar-se del món.

—Veus tota aquesta gent, caminant sense sentit però en una direcció concreta? —em va preguntar.

Vaig veure la gent, però encara no sé com ell la veia. Des d'on era no arribava a albirar el carrer.

—La veig —vaig contestar.

—T'adones que tots van cap a algun lloc, amb algun propòsit. Saps? Ni tu ni jo ens canviaríem ara mateix per ells. I això és perquè ens agrada la nostra vida, la nostra cara, el nostre camí... No podem entendre on van, què han de fer...

»Però, de nit, tot canvia. De matinada, fixa't en els edificis alts i veuràs que hi ha pocs llums encesos, molt pocs. Gairebé tothom dorm, tan sols n'hi ha uns quants que estan desperts... I són aquests els que cerquen i els que troben.

»A altes hores de la matinada, quan tothom dorm, ells estan estimant, o gaudint de converses intenses... I aquests sentiments i aquestes paraules canviaran la seva vida.

»Jove Dani, sempre has de posar més nits que dies a la teva vida...

»I quan alguna vegada estiguis perdut i no tinguis rumb fix, juga a "Què faria un altre si estigués en tu...".

Es va produir un silenci que va durar alguns segons. Va

tornar a fer una pausa. Aquella vegada va tardar molt més a tornar. Vaig notar que li quedava molt poc alè.

Vaig pronunciar el seu nom en veu alta tres vegades, però no va tornar. Vaig estrènyer la seva mà amb força, i tampoc...

Finalment vaig mirar de continuar la conversa com si res hagués passat.

—Què faria un altre si estigués en mi? —vaig repetir.

I lentament va tornar, com si la narració fos l'energia que l'alimentava. Explicar-me tot allò li donava forces.

—Sí, exacte. Troba una persona amb qui comparteixis energia i pregunta-li què faria a la teva vida si visqués en ella durant dos dies. Quines coses hi canviaria? Com es tallaria els cabells? Què menjaria? Quines activitats faria? En definitiva... Com viuria la teva vida si la seva presència en ella fos temporal.

—I funciona?

—És clar que sí. —Va somriure—. He jugat a això un munt de vegades i sempre m'ha donat impuls per seguir.

»Però has de trobar la persona amb qui jugar-hi, i no és senzill.

»Ha de ser una persona especial i ha de voler mirar-te des de fora i poder donar-te una altra perspectiva de la teva vida quan estiguis perdut...

El vaig mirar unes quantes vegades sense saber com digerir tanta força. L'home va apagar-se de nou. La seva respiració es va tornar més fluixa després de l'última frase. Les seves constants es van disparar i els aparells que l'envoltaven van començar a sonar.

Sabia què havia de preguntar-li per tal que tornés d'immediat.

—Hi juguem junts?

Va recuperar la respiració, els aparells van callar, però jo sabia que la situació no duraria, l'estava perdent...

Em va mirar amb un afecte suprem. Em va acariciar la cara, els llavis, el coll i finalment la mà.

—M'encantaria, jove Dani. Però se m'acaba el temps...

Va fer una pausa i vaig pensar que era la definitiva. Però encara li quedava una última cosa per dir-me. Va mirar el far monocle. El vaig agafar i l'hi vaig deixar a la mà.

—És per a tu... Perquè no m'oblidis. És un far de Capri que m'entusiasma, és el meu fill preferit. Quan trobis la fotografia que vaig fer-li, veuràs que darrere hi vaig escriure la paraula «Màgic». És màgic i aconsegueix que sentis la seva màgia. Si algun dia tens problemes, vés allà i el meu nen preferit et cuidarà...

»El monocle fosc que duu enganxat és per observar els núvols. Durant un temps vaig treballar al cinema i era l'encarregat de calcular quan marxarien els núvols i quan tornaria el sol... És necessari saber-ho per intentar rodar sempre amb la mateixa llum i que no quedin clarobscurs a la pel·lícula...

»Jo era bo en això... Sempre he fet bé tot el que tingués a veure amb fars, núvols, sol, mar i vent.

»Si te'l col·loques a l'ull i mires els núvols, veuràs el sol per darrere i notaràs la velocitat del vent, així podràs calcular el temps que tardarà a tornar a brillar.

»Els vaig unir perquè aquell far era pura màgia i endevinar quan tornarà el sol també em sembla molt màgic.

»Recorda, si algun dia necessites màgia, vés a Capri.

Va començar a respirar amb dificultat. Els aparells van tornar a brunzir com si s'haguessin tornat bojos.

Vaig cridar la infermera a plens pulmons. El Sr. Martín estava marxant i jo estava espantat i trist.

De sobte, l'home em va cridar amb la mirada, volia que m'hi acostés. Vaig apropar l'orella als seus llavis i em va repetir dos o tres cops una paraula que no vaig entendre.

La pronunciava sempre amb la mateixa cadència, amb la mateixa força. Era un missatge per a mi, però no aconseguia comprendre'l, ja no parlava de manera intel·ligible...

Aleshores el missatge es va interrompre i el Sr. Martín em va deixar.

Vaig mirar-lo i de sobte vaig notar que m'envaïa una energia que em produïa tranquil·litat i felicitat.

Era com si la seva energia travessés el meu cos.

Metges i infermeres intentaven sense èxit tornar-lo a la vida, però jo sabia que se n'havia anat.

Vaig estrènyer-li la mà amb totes les meves forces, li vaig donar les gràcies i vaig fer-li un petó a la galta...

16

LA INCOMPRENSIÓ DE LES LLÀGRIMES DELS ALTRES

Vaig plorar de nou al cotxe, al costat del pare desconegut.

És impossible recordar el Sr. Martín i no esclatar a plorar. Recordo que el fill d'una ballarina em va dir un cop que la gent només esclata a riure o a plorar, i que val la pena destrossar-se amb aquests dos sentiments.

El pare del nen em mirava sorprès. La meva tristesa el superava, però no va dir res. És tan difícil comprendre les llàgrimes dels altres si no es tenen totes les dades...

Crec que va ser aleshores quan em vaig adonar que em dedicava a buscar nens perduts per culpa del Sr. Martín.

D'alguna manera, el primer cop que em vaig perdre no va ser en el vaixell rumb a Capri, sinó en l'UVI d'aquell hospital ple de tendresa i passió sense límits.

I és que el Sr. Martín era un home passional, un home que estimava impossibles.

Vaig tenir sort de trobar-lo, ja que no es va apropiar de la meva ment de deu anys un depravat ni un pederasta fill de puta. Vaig topar amb una persona magnífica que va intentar ensenyar-me la importància de ser diferent en aquest món.

Hi ha poca gent que no claudiqui i visqui de manera mediocre.

Jo cerco nens que desapareixen, crec que és la meva manera de fugir de la convenció, de la mediocritat.

A més, penso que ho faig bé perquè la meva part de nen i de nan fa que els entengui, que tingui empatia amb ells i els seus problemes. És com si connectés amb el meu jo perdut i això m'apropa a la seva essència...

Vaig mirar el pare i vaig saber que necessitava explicar-m'ho tot. Donar-me dades, sentir-se útil... Però també sabia que allò em condicionaria. Faria que entengués el pare en lloc del nen.

Vaig decidir evitar la seva mirada, però sabia que ell no tardaria a parlar-me perquè segons abans havia connectat amb mi visualment.

—Té fills?

Va ser la segona frase que li vaig sentir després del comentari sobre el xec, i la pitjor que podria haver pronunciat.

I és que aquella pregunta tan senzilla estava relacionada amb la meva ruptura, amb ella i el nostre gran problema.

Jo, ella i els nens desitjats.

Sé que he de parlar-vos d'ella. Fa temps que us oculto detalls sobre la meva ruptura i els seus motius.

Però abans he d'acabar de parlar-vos d'en George, perquè si no ho faig no podreu comprendre'm.

Tant de bo que sempre intentéssim entendre les persones

abans de jutjar-les. I tant de bo que la gent fos capaç de ser honesta i d'explicar-nos la seva vida perquè poguéssim valorar-la amb comprensió.

—No, no tinc fills.

Havia de contestar-li.

—Jo només el tinc a ell —em va replicar.

No va afegir res més perquè es va emocionar i va tornar a plorar. Sabia que havia de tranquil·litzar-lo abans de tornar al meu passat. Era el més just, no pots retornar als teus records quan al present hi ha algú que pateix.

A més, la meva feina duia incorporada la comprensió.

—Potser no li ha passat res dolent —vaig apuntar—. Que l'hagin segrestat no vol dir que hagin de fer-li mal... Molta gent...

Em va interrompre amb ferocitat.

—No ha llegit el dossier que li vaig enviar? —va cridar.

Vaig negar amb el cap.

—Sóc jutge de casos de pederàstia. He enviat a més de cent pederastes a la presó. —Cridava més del que jo havia cridat a l'home de seguretat de l'aeroport—. No em digui que no passarà res, perquè si llegeix la carta que m'ha enviat el segrestador sabrà que qui s'ha emportat el meu fill és un pederasta al qual vaig condemnar a vuit anys de presó...

No vaig contestar.

Havia estat poc professional.

La meva vida personal m'havia afectat. Aquella dada ho canviava tot, encara que sabia que no era definitiva.

Potser la nota era falsa. De vegades, un crio fuig per falta d'afecte. El fet de veure que el seu pare es preocupa més per altres nens que pel seu propi fill pot ser una raó de pes per marxar i voler cridar l'atenció amb una carta falsa.

Vaig continuar mirant endavant. Sabia que havia perdut part de la seva confiança.

Vam arribar al ferry que ens portaria a Capri. Aquell vaixell entrava de nou en la meva vida, i no havia canviat gens amb els anys.

Vam entrar amb el cotxe fins a la bodega i vaig aprofitar per tornar a *Horizontes de grandeza*. A la primera obra mestra que vaig veure amb en George al Capri de la meva adolescència.

Us prometo que més endavant us parlaré d'ella i dels motius de la nostra ruptura.

17

LA INTENSITAT D'UNA ANÈCDOTA EN MOVIMENT EN UN ALTRE COS

Vam veure *Horizontes de grandeza* i en George va tenir raó; em vaig sentir com Gregory Peck. Jo també era algú que intentava lluitar contra les normes, contra el que era correcte i contra tot el que la gent esperava de mi.

Sentia tot allò i tan sols tenia tretze anys. No desitjava ni tan sols imaginar què passaria més endavant.

Vaig admirar la immensitat de l'Oest i la menudesa dels humans... Em recordava molt la nostra presència a Capri...

I és que semblava que en George i jo fóssim els únics habitants de Capri. Dues figuretes enanes en una illa immensa.

Vaig respirar i vaig notar la petitesa pròpia de la grandiositat natural.

Just en aquell instant em vaig adonar que podia jugar a «Què faria un altre si estigués en mi» amb ell. En George era la persona perfecta per disfrutar amb el joc del Sr. Martín.

Vaig mirar-lo fixament; volia preguntar-l'hi, però em feia vergonya.

—T'ha agradat la pel·lícula?

—Molt.

Vaig mirar-lo de nou i en aquella ocasió sí que m'hi vaig atrevir.

—Vol jugar amb mi a què faria un altre si estigués en mi...?

Ell va somriure.

—Digues...

I vaig explicar-li la història. Li vaig parlar del Sr. Martín, d'entrar en una altra persona quan s'està molt perdut. D'aconsellar-li què faries si estiguessis ocupant la vida de l'altre durant dos dies i després te n'anessis.

Ell m'escoltava i semblava agradar-li el que sentia. I jo estava feliç perquè, per segon cop a la meva vida, una persona gran em feia sentir adult.

Quan vaig acabar d'explicar-l'hi em va dir que li agradava molt la idea però que abans havíem de conèixer-nos una mica més. Pensava que per canviar la vida d'un altre has d'entrar una mica més en ella.

Vaig dubtar, però vaig pensar que tenia raó.

Em va oferir anar a revelar les fotografies junts.

—Compartir la passió d'un altre és la millor manera de conèixer l'altra persona —va dir.

Em va agradar la proposta i vaig acceptar-la.

El seu laboratori estava dos pisos per sota del saló principal on havíem vist *Horizontes de grandeza*.

Per arribar fins allà vam haver de baixar gairebé cinquanta esglaons. Aquelles golfes subterrànies feien olor a mar i les parets eren de roca massissa.

Vaig tenir la sensació d'estar al centre de l'illa.

I el millor de tot és que no sentia gens de por... Estava sol amb un desconegut, a una cova que semblava una masmorra i em sentia força còmode.

Només notava el cansament. No recordo quantes hores feia que no dormia. Sentia el cos adolorit però hi havia alguna cosa en aquell dolor que em resultava plaent.

Ell es va posar de seguida a revelar les fotos. Em va anar explicant tot el procés. Jo mai havia revelat res i em va encantar la tècnica precisa, els temps que han de respectar-se i la seductora foscor en estar il·luminats tan sols per un llum vermell.

—Revelar és com pescar —va dir el George—. Pescar sabent que atraparàs alguna cosa que tu mateix vas criar fa un temps.

De sobte em vaig adonar que penjat enmig d'aquelles golfes subterrànies hi havia l'enorme sac vermell de boxa que havia transportat per mitja illa.

Les fotos tardaven en aparèixer. Continuaven submergides en aquells líquids estranys i nosaltres les miràvem desitjosos que apareguessin.

Si bé la meva mirada viatjava del sac que em tenia fascinat cap a les fotos... I de les fotos al sac fascinador...

Fins que vaig veure una cosa estranya penjada a la paret del fons del soterrani... No podia desxifrar amb claredat què era perquè estava fosc... Però s'intuïa alguna cosa allà...

M'hi vaig apropar lentament. Vaig notar la seva mirada al clatell.

Al cap de pocs segons també vaig sentir els seus passos darrere meu...

Quan vaig arribar a la paret ja sentia a prop la seva respiració...

Aquell va ser l'únic instant en què em vaig espantar, i això que com us he assegurat, no tenia gens de por en aquell lloc.

Però el fet de pressentir-lo tan a prop meu, observant una paret on no sabia què hi havia penjat, em provocava, almenys, una mica d'incertesa.

I aquell és el terror en què sempre penso quan busco nens en perill. És el que em motiva a no llençar la tovallola i aconseguir trobar-los.

I el pitjor de tot és que he trobat molts d'aquests soterranis on hi ha hagut nens retinguts i noto entre aquelles parets la por que els nens han patit.

Els nens marquen el terreny d'una manera, que el pànic infinit queda allà imprès.

Lamento utilitzar aquests records en parlar del George. Ell mai em va fer res de dolent i només em va aportar felicitat. Sé que mai m'hauria fet mal.

—Vols saber què hi ha penjat a la paret? —va preguntar en un to que va aconseguir tranquil·litzar-me.

Vaig assentir en silenci.

De sobte, va agafar el llum vermell que hi havia al centre de l'habitació i el va enfocar cap allà.

La paret va quedar il·luminada i d'immediat vaig trobarme de cara amb un mural ple de fotos Polaroid.

Les instantànies estaven separades de dotze en dotze... Separades per anys... Crec que vaig comptar que devia haver-hi gairebé quaranta anys seguits en aquella paret...

Les fotos eren primers plans d'homes i dones en llocs diferents, realitzant activitats quotidianes... Prenien cafè, fumaven, reien...

Si no hagués vist anys enrere els fars del Sr. Martín, crec que allò m'hauria estranyat encara més.

Però quan als deu anys has vist la col·lecció d'imatges més fascinants rubricades amb adjectiu, no hi ha res que pugui sorprendre't més.

—Qui són? —vaig preguntar.

—Les meves perles. —Va somriure—. Cada any de la meva vida he buscat dotze perles. Dotze persones que no conegués però que apareguessin en la meva vida i que marquessin la meva existència fins a tal punt que el meu jo virés en rodó.

—Que el seu jo virés? —vaig preguntar.

—El Sr. Martín va ser una perla a la teva vida —em va dir com a exemple, i l'hi vaig agrair—. Va ser una joia que el món et va donar i han passat els anys però encara la conserves... Això confirma que va ser una gran perla, perquè el temps no li ha robat gens de brillantor ni d'intensitat.

Vaig mirar el mural amb deteniment.

No podria dir-vos què hi predominava. Les perles eren de tots colors, sexe i edat. M'agradava contemplar-lo...

No sé si vaig estar deu o dotze minuts en silenci absolut admirant aquell collar... Aquell collar de perles...

Hi havia alguna cosa en aquells rostres, en aquelles mirades que desprenien una mena d'energia. Vaig somriure.

—Tenen energia, oi?

Ell també va somriure.

—Molta. Tres d'ells, són més que perles... Són les energies especials de què et vaig parlar al vaixell, les que has de trobar... Ànimes que es fonen amb la teva pròpia.

—De veritat? —vaig preguntar, entusiasmat amb la definició.

De sobte vaig recordar el que va passar després de la mort del Sr. Martín; potser era la seva ànima fonent-se amb la meva... No podia estar-ne segur. Ell va continuar parlant:

—Amb el temps, algunes perles passen a ser diamants. Cada vuitanta o noranta perles apareix un diamant... Un diamant, perquè m'entenguis, és una d'aquestes persones tan bàsica i tan important en la teva vida que sembla creada únicament per a tu...

L'entenia, però crec que la meva cara transmetia el contrari. Ell va continuar posant-me exemples.

—Aquests diamants són com els teus escampats.

—Escampats? —vaig preguntar amb creixent interès.

—Sí, tinc la teoria que ens escampen.

—A qui?

—A cadascú de nosaltres i a quatre persones més... T'escampen pel món per tal que, amb el pas del temps, vagis trobant els altres quatre. És un dels sentits de la vida, trobar els escampats, i per això hi ha senyals, perquè no et confonguis.

—I com són aquests senyals? —vaig preguntar.

—Alguna cosa que els uneixi, pot ser summament senzill...

En aquell instant vaig pensar en les Polaroid, les del George i el Sr. Martín. Potser ells eren els meus escampats, els meus diamants, part de la meva ànima...

No li ho vaig dir perquè potser era massa prepotent pensar que als tretze anys ja tenia dos dels quatre diamants... Però sí que vaig consultar-li una altra cosa.

—Què passa quan coneixes els quatre diamants?

Es va prendre el seu temps. A mi em va semblar un temps excessiu, ja que desitjava tant conèixer la seva resposta que no podia esperar més.

—No ho sé... Però estic segur que passa alguna cosa.

Vaig notar que em mentia, però no em vaig atrevir a tornar-l'hi a preguntar de nou.

Vam tornar a les cubetes on les imatges ja començaven a materialitzar-se com un peix atrapat.

Eren totes imatges d'un primer pla d'una dona, excepte les dues últimes. La que jo vaig fer-li i la que ell em va fer a mi.

La dona el mirava. Ell apareixia d'escorç al seu costat.

En George va observar les fotografies amb un rostre tan ple de nostàlgia que mai l'he oblidat; cap altra expressió de record extrem s'ha assemblat mai a aquella.

—És una perla? —vaig indagar.

—Un diamant en brut. —Va somriure—. Se'n va anar fa dos anys. Encara no havia tingut el valor de mirar aquestes fotografies.

Es va quedar en silenci. Es va apropar al sac de boxa que presidia el centre de l'estança i el va acariciar.

—Saps què hi ha dins d'aquest sac? —va preguntar sense deixar d'acariciar-lo.

Vaig negar amb el cap.

—Trossos de les meves perles. Quan alguna desapareix del meu món, agafo part de la seva roba o un objecte important que la defineixi i l'introdueixo al sac.

»Hi ha moltes coses d'ella aquí.

»De vegades copejo el sac amb ràbia, d'altres l'acaricio i alguna vegada ballo amb ella i amb l'altra gent que m'ha deixat.

I es va posar a ballar. Vaig recordar el Sr. Martín i el seu maniquí. Va ser preciós veure la intensitat d'una anècdota en moviment en un altre cos.

Ell ballava amb aquell sac replet de rastres i restes de les seves perles, de la gent que havia amat i estimat... I vaig sentir enveja; encara no havia desitjat a ningú.

La música que sonava era producte del frec de l'ancoratge del sac al sostre i del lleu soroll que emetia la bombeta vermella del laboratori.

Vaig sentir tanta enveja sana per aquell home amb una vida tan intensa que no vaig poder evitar apropar-me al seu sac i ballar al seu costat.

Érem allà, ballant separats per aquell preciós i estrany sac vermell ple de vida.

Us juro que va ser una sensació tan agradable que mai he tornat a tenir-la ballant. I això que he intentat dansar amb tothom amb qui he tingut alguna afinitat.

Però l'estrany frec d'aquell sac vermell, i la sensació que el que contenia era pura energia que et traspassava i recorria tots els nervis del teu organisme, és insuperable.

A més, les puntes dels dits d'en George i les meves es tocaven lleument. 63 i 13 anys units a través d'un sac. Mig segle d'experiències ens separaven.

Si en aquell moment hagués entrat la policia, l'haurien detingut d'immediat. De vegades, les imatges no serveixen per explicar un sentiment i una realitat.

Per a nosaltres allò era com un preciós obrecartes de nacre amb incrustacions de diamant. A ulls d'un desconegut, podria arribar a ser únicament un vulgar punyal decorat amb restes de bijuteria.

Vam ballar una llarga estona, i quan vam acabar de dansar el vaig mirar i el vaig abraçar.

—Has de tornar a casa. Ho saps, veritat? —va xiuxiuejar.

Vaig assentir, amb la mirada perduda, però em resistia a complir el que em demanava; ens faltaven tantes coses per viure...

—I les altres pel·lícules que havíem de veure, i l'esport que m'havies d'ensenyar, i jugar a qui seríem si fóssim l'altre, i els tres dies que canviarien la meva vida? —vaig preguntar com un adolescent que tot ho desitja.

Va somriure.

—Si vols veiem una altra pel·lícula abans que te'n vagis i t'entreno durant un parell d'hores. —Va continuar, com si mirés de trobar-hi solucions—. Pel que fa al joc, estic segur que trobaràs algú que et conegui més i millor que jo... I pel que fa als tres dies, estic segur que no podrien superar la intensitat d'aquests deu minuts de ball. La intensitat no la marca el temps sinó l'emoció que resideix dins de cadascú.

A continuació va agafar la fotografia d'aquella dona misteriosa i encisadora que acabàvem de revelar i la va col·locar en el seu mosaic de perles... En un any bastant anterior a l'actual.

Després va agafar la meva i la va col·locar a l'actualitat. Era la seva primera perla d'aquell any. Em vaig sentir molt feliç.

Jo vaig agafar la seva i me la vaig guardar. Havia trobat un altre diamant, n'estava ben segur...

Va complir la seva paraula. No vaig dubtar que ho faria.

Em va entrenar durant dues hores seguides. Primer em va ensenyar a moure el coll.

—Tot passa pel coll —va dir—. Si el mous bé, tot el teu món anirà millor, ja que connectaràs cos i ment...

Em va parlar de com n'és, de gandula, la nostra carcassa, perquè no desitja canvis i s'oposa a tot allò que l'obligui a virar.

—Has de batallar amb el teu propi organisme, fer-li entendre que tot això és bo per a ell. El cos és el nostre gran enemic i a la vegada el nostre millor aliat —es va explicar.

»Es queixa de l'esforç, però el dolor tan sols es manté uns 4,5 segons.

»Recorda-ho: el dolor és momentani. És el teu enemic i el teu aliat.

De sobte, després d'aquella impressionant classe sobre cos i ment, vaig deixar anar una frase que mai m'hauria imaginat pronunciant.

És increïble quan succeeix això, quan creus que hi ha alguna cosa que no diràs mai, t'ho promets, t'ho jures, però en un instant et descobreixes pronunciant-la.

És una sensació estranya, d'eufòria. Molt estranya i de molta eufòria...

—Sóc nan.

No va dir res. Em va mirar de dalt a baix tres vegades.

—Vols deixar de ser-ho? —em va preguntar.

Em va sorprendre la seva reacció i també em va fascinar... Vaig decidir contestar-li.

—Sí, l'hi vaig prometre a la meva mare quan encara era viva. Els meus pares també eren nans. Estaven orgullosos de si mateixos, però la meva mare, des que em portava al seu ventre, va pensar que seria un gegantot. I un dia vaig dir-li: «Creixeré per tu». I la meva mare va esclatar de felicitat i tots els pèls del seu cos se li van posar de punta... I estic segur que se li van posar de punta de veritat...!

Em van brollar llàgrimes del meu cos sense que ni tan sols hagués notat ganes de plorar.

Ell no es va emocionar amb les meves llàgrimes.

Em continuava mirant seriós, semblava que no sentís empatia cap a la meva tristesa, però crec que el que desitjava no era simplement donar-me consol, sinó un consell etern.

—No hi ha res impossible en aquest món, jove Dani. Res. Si desitges créixer, el teu cos creixerà, perquè és el teu aliat, però per això has de deixar viure l'altre dins teu... Sempre seràs un nan en el teu interior. Un nan amb cos de gegant...

Va dir «jove Dani» i em vaig adonar que les frases que havia pronunciat semblaven coincidir amb la narració del Sr. Martín que mai vaig comprendre... Aquells sons que repetia una i altra vegada quan era a punt de morir tenien el mateix to i intensitat que aquelles frases que acabava d'escoltar...

Va ser com doblar una pel·lícula estrangera. Durant els seus instants finals, el Sr. Martín parlava un idioma inintel·ligible que ara semblava que en George dominava i traduïa...

Un nan en un cos de gegant... No em va sonar estrany, crec que va ser l'última frase que el Sr. Martín desitjava que sentís... Em va fer sentir complert.

—I vostè, qui és? —vaig preguntar-li.

Va somriure.

—Un lluitador dins el cos d'un covard...

No vaig tornar a preguntar el perquè d'aquella definició. Vam pujar a la planta principal. Allò era el final de l'escapada. Allà acabava la meva fugida, no hi havia dubte...

Em va donar diners per al ferry de tornada. Jo li vaig regalar el full del Sr. Martín amb els números de la ruleta del casino de Capri. Havia de jugar al 12 i al 21. No sé si ho faria ni si funcionaria però estava segur que allò valia un bitllet de tornada en vaixell.

Mentre ens acomiadàvem va sonar una orquestra al carrer. Eren festes a Capri.

Des de fora se sentia una melodia de festa major; a dins, ens acomiadàvem en el més absolut silenci.

Era meravellós i estrany, aquell contrast sonor. Nostàlgia continguda dins i felicitat contagiosa fora.

Me'n vaig anar i vaig seguir aquella orquestra fins la costa. Vaig anar darrere d'ells, lentament, sense pressa... M'acompanyaven i els necessitava per no perdre'm...

No vaig tornar-lo a veure més, encara que temps més tard vaig rebre una carta d'un advocat en què m'informava que havia mort. Vaig notar de nou una punxada dintre meu, com si la seva ànima s'enganxés a la meva. O potser era el que desitjava sentir.

Dins de la carta hi havia una nota que en George havia escrit per a mi... Tan sols s'hi llegia: «El meu fill és dins de l'altre fill... És teu si el vols».

Vaig plorar tant quan vaig rebre aquella nota i és que, tal com em va prometre, vaig créixer... Vaig créixer molt i em vaig convertir en aquell gegantot que la meva mare esperava que fos... Però, per dins, com ell va vaticinar, seguia sent aquell nan...

Recordo que quan em vaig allunyar de Capri en aquell ferry vaig pensar que no hi tornaria mai més...

«Donde has sido feliz, no has de volver...», diu la cançó... Quina ironia...

18

EL NAN TORNA FET UN ADULT

Tornava a ser a Capri... El ferry va entrar a port. En aquella ocasió no hi havia sac per copejar ni banda a la qual seguir.

Havien passat vint-i-set anys i aquella vegada era jo qui buscava el nen perdut en lloc de ser-ho.

No desitjava emocionar-me però no vaig poder evitar-ho. Trepitjar aquella illa de nou era un somni que mai vaig pensar que tornaria a viure.

El nan hi tornava convertit en adult... El nan hi tornava convertit en adult...

El pare continuava capbaix per tornar al lloc de la desaparició i jo sentia la força de tornar al lloc on m'havia retrobat.

Vam anar directament a casa seva. Estava molt allunyada de la casa del George, diria que estava en direcció diametralment oposada.

A la porta de la mansió ens esperava una dona que devia tenir gairebé cent anys. Encara no sabia que, hores més tard, aquella anciana em faria les preguntes més intenses de la meva vida i em parlaria del bolero «Si tú me dices ven...».

En aquell instant només era una àvia amoïnada pel seu nét desaparegut.

Vaig saludar-la sense prestar-li massa atenció, però ella em va agafar la mà amb la mateixa intensitat que ja havia notat quan tenia deu i tretze anys... Era aquella classe d'energia capaç de travessar-me els artells i arribar-me a l'ànima.

—Si el trobes —em va dir—, t'ajudaré a trobar-te.

No vaig saber què respondre-li. El pare del nen va apartar-me d'ella.

—No li faci cas. Està molt amoïnada pel seu nét.

Però jo la creia. Sabia que era cert el que m'havia dit. Vaig mirar-la mentre ens dirigíem a l'interior de la casa.

Crec que aleshores em vaig adonar del poder de Capri; hi havia alguna cosa en aquella illa que atreia els meus diamants, la meva essència i em recuperava quan em perdia...

Vaig somiar d'anar a buscar el fill del George, que estava dins d'un altre fill, però sabia que no era el moment. Ara tot era secundari... La meva vida, els meus problemes, la meva parella...

Aquell nen era l'única cosa important, i us juro que no em feia falta cap altra motivació. Sempre he sigut bo en la meva feina. Només he sigut bo en això.

—De veritat necessita veure la seva habitació? —em va preguntar el seu pare.

—Sí, ho he de fer. És molt important. És bàsic.

He de, he de... Altre cop aquell «must» tornava a mi, i també el record d'ella. On estaria...?

Tenia la impressió que ja no havia de preocupar-me per ella, però encara volia fer-ho.

Sempre he cregut que encara no hem conegut les persones més importants de la nostra vida. I com no existeixen, no ens preocupa que el cotxe les hagi deixat a la cuneta, que se'ls hagi mort un ésser estimat, que estiguin tristes o que les hagin abandonat.

Encara no existeixen en el nostre món i per això la seva tristesa i la seva felicitat no ens pertanyen ni ens afecten... Fins al dia que les coneixem i ens posen al dia del seu món.

Ara m'adonava que passa el mateix amb la gent que perdem i sabem que no recuperarem. Sembla que haguem d'oblidar què els passa i els amoïna. I això jo no estava disposat a fer-ho; la gent ho fa per sobreviure... Potser jo no desitjava sobreviure.

Vam arribar a l'habitació del nen. Veure la porta de la seva habitació em va suposar un impacte. Es deia Izan, com anunciava el rètol que hi havia penjat... Realment, aquell nom em va perforar...

En entrar, se'm va gelar la sang. L'habitació estava plena d'estrelles al sostre i dibuixos de planetes per les parets.

Va ser com entrar al Cosmos.

—Li encanta l'Univers, a l'Izan —va dir el pare.

Li encanta l'Univers. I a qui no? El pare va apagar el llum i va aparèixer un impressionant espectacle fluorescent.

Allà, dret enmig de l'habitació, em sentia al centre del Cosmos. Se'm van posar els cabells de punta, però de veritat, no va ser cap truc. Tot allò era massa per a mi...

I és que es digués Izan, que li agradés l'Univers... Només hi faltava la música.

Un vell tocadiscos presidia l'habitació. El vaig posar en funcionament i, com no podia ser d'una altra manera, va començar a sonar «The show must go on», la meravellosa cançó creada per Queen per fer front a la malaltia del seu líder. Per poder continuar endavant...

Sé que potser només eren casualitats, però a mi tot allò em resultava increïble, perquè aquelles tres coincidències pertanyien al meu món i al món d'ella...

I sobretot al món del nostre fill.

Sí, crec que en aquella habitació, amb els llums apagats i amb el Cosmos girant al meu voltant, em sento per fi capaç de parlar-vos del nostre fill; el motiu de la nostra ruptura...

Encara que no desitgi admetre-ho...

19

NO ERA UNA RECERCA, ERA UNA CACERA

Sí, ja sé que al principi us he explicat que podia haver-hi almenys quinze raons per a la meva ruptura. I no us he enganyat. Hi són, existeixen...

Però sempre n'ha prevalgut una, sempre la mateixa. Durant els nostres tretze anys de relació, el nen sempre ha estat present. La vaig conèixer amb vint-i-set anys...

Sé que hauria d'explicar-vos-ho tot, però se'm fa difícil.

No sé ben bé per on començar...

Sé que sóc a l'habitació d'un nen desaparegut a Capri, però el meu cap creu que és a l'habitació del nen que mai va arribar.

Volíem posar-li Izan. Va ser el primer que vam decidir. Ens vam posar d'acord gairebé sense pensar-ho. Va ser una matinada, a Menorca, quan portàvem tres anys junts i parlàvem de la possibilitat de tenir fills.

Vam pensar en un nom, a la vora de la costa, al costat d'un far, i de seguida ens va sortir Izan. Va ser increïble, perquè vam pronunciar el nom alhora.

I, a partir d'aquella coincidència, vam començar a pensar com seria el nen.

Recordo que aquell dia bufava un vent estrany a l'illa i vam sentir que els nostres pensaments, les nostres idees i somnis s'absorbien amb rapidesa i s'allunyaven mar endins.

No recordo amb seguretat qui dels dos va decidir que estaria bé demanar com ens agradaria que fos perquè aquell bufec immens ho convertís en realitat.

Coses de parelles, de parelles enamorades. M'encanten els rituals de parella; són únics. Ningú els pot robar ni emportar-se'ls...

Sé que estic diferent, que m'expresso amb dificultat...

Però el fet de parlar d'ella, de la nostra ruptura i de l'Izan, el nen que mai vam tenir però que vam somiar com seria, què l'apassionaria i en qui es convertiria, em fa molt de mal...

I és que en aquella costa menorquina vam projectar el bebè perfecte. L'Izan que crèiem que arribaria durant els dos anys següents, però... que mai va aparèixer.

Aquella nit a Menorca, ella va dir que desitjava que li agradessin les estrelles i els planetes. Que la seva habitació fos el Cosmos.

Era tan sols un desig llançat contra un vent menorquí.

Era possible que el vent hagués arribat a Capri i que tot allò s'hagués convertit en realitat?

L'edat del nen perdut coincidia amb el temps en què vam concebre el nostre Izan imaginari.

No recordo exactament quantes coses vam dir sobre aquell nen imaginari. Vam dir-ne tantes i tantes...

L'última que recordo és que jo desitjava que algun dia tingués un tocadiscos i el tornés boig «The show must go on», perquè era una de les meves cançons preferides.

Sempre desitgem que al nostre fill li agradi el nostre món personal, professional i fins i tot musical. Que desitgi seguir el nostre camí.

Però l'Izan no va arribar mai. Mai... I aquell va ser el nostre gran problema.

Primer ho vam provar de la manera tradicional, però ella no es quedava embarassada. De tota manera, vam continuar intentant-ho durant un parell d'anys, però no aconseguíem res.

I, a poc a poc, va deixar de ser estrany per convertir-se en un trauma. Amb el curs dels mesos, el sexe era cada cop més un deure que havia de donar com a fruit un nen.

Vam començar a fer-nos proves, a canviar horaris i finalment vam decidir esbrinar qui tenia el problema.

El problema... El problema semblava tan senzill de solucionar... Fins i tot hi havia parelles que comentaven que no havien buscat el fill...

Mentre nosaltres ja no sabíem on podia estar el nostre, allò ja no era una recerca sinó una cacera.

Les proves van dictaminar que ambdós estàvem bé. Ens van comentar que segurament es tractava d'un problema psicològic.

Però aquell diagnòstic, en lloc d'ajudar, ens va obsessionar. Com era possible que físicament ens trobéssim bé, però mentalment no poguéssim concebre un fill?

Potser, si no hagués estat mental i algú hagués tingut la culpa, hauria estat més fàcil.

El culpable, el no fèrtil, s'hauria sentit malament. I allò hauria destrossat l'altre i l'hauria salvat.

No hi ha res que una part de la parella desitgi més que salvar l'altra si està patint. Però si pateixen els dos, com era el nostre cas, qui ens salvava?

Van ser anys complicats. El sexe es va convertir en una tasca que s'havia de fer d'una manera determinada i després d'una sèrie d'injeccions d'ovulació.

Vam provar tots els mètodes possibles. Vam trencar totes les estadístiques. Cada cop ens quedaven menys oportunitats, menys tractaments.

Vam passar dels més senzills als més complexos. Del sexe tradicional a haver d'entregar la meva aportació i la seva perquè, en un laboratori, els espermatozoides i els òvuls s'estimessin.

Ells, sense nosaltres.

Però ni així va ser possible.

De les quinze possibilitats amb tres mètodes diferents, tan sols ens quedava una oportunitat d'èxit.

Portàvem així gairebé cinc anys en què el sexe s'havia tornat inexistent... Un lustre en què anar a una sala i entregar els espermatozoides s'havia convertit en un fet habitual, com també ho era passar hores més tard a recollir un informe sobre la velocitat, qualitat i quantitat que s'havia determinat.

Era complicat per a mi i, sobretot, per a ella. Augment de

pes, la frustració, les intervencions per inserir òvuls fecundats... La llista d'efectes secundaris és inacabable i no puc enumerar-la sense enfonsar-me.

Durant l'última època, continuàvem practicant la tècnica que tocava, però ja no parlàvem d'allò ni entre nosaltres. Era un tema tabú.

Fins i tot aquells que aconsegueixen el nen amb aquests mètodes no parlen mai del viacrucis que han passat.

Per tot això ens sentíem estranys, com una parella que lluitava contra molins que només ells veien.

A més, a tot això s'ha d'afegir que jo sempre vaig dubtar de tenir fills; imaginava que seria nan i la idea em feia patir perquè, encara que es vulgui veure amb normalitat, el món no està fet per a la gent de baixa estatura.

Tot és alt. Inabastable per a nosaltres.

Suposo que penseu que vam trencar per tot això que us he explicat. Doncs us diré que sí i que no.

Va passar alguna cosa i això és el que em va fer tornar a recordar el Sr. Martín i el George, als quals havia enterrat a la meva memòria... Els havia oblidat, eren records dels meus deu i tretze anys, i quan vaig créixer se'n van anar, van desaparèixer... Quan vaig deixar de ser nan també els vaig perdre a ells. Es van quedar amb el petit. Dins, oblidats...

Però quan va passar allò... Les perles, les Polaroids, les ruletes, els balls amb maniquins i els sacs van tornar... Era increïble que el temps m'arrabassés tot allò.

El que va passar és que quan faltava només un tractament ens van dir que s'havia quedat embarassada. Va ser el moment més feliç de la nostra vida. Vam embogir. Fins i tot vam tornar al sexe, al nostre sexe...

Però al cap de sis mesos el vam perdre. No van saber dir-nos per què, són coses que passen, però encara ens quedava una possibilitat. La metgessa creia que encara que allò era una desgràcia, demostrava que la fecundació era possible. Vam decidir que ho intentaríem per darrera vegada, però va ser llavors quan ens va dir una cosa que no vaig poder superar. Ens va dir que el bebè era nan... No m'ho esperava... Va ser un xoc. No desitjava un fill nan.

Aquell instant vaig tornar a ser un nan jo mateix i a recordar els dos diamants que vaig conèixer mentre ho vaig ser... Les seves lliçons i els seus consells van evitar que deixés de créixer. Però el meu fill podria no tenir tanta sort i no creuar-se mai amb aquelles perles que l'ajudarien a confiar en si mateix...

Allò em superava... I per això vaig decidir que no seguiria l'últim tractament... Ens quedava una oportunitat més de fecundació però no vaig voler continuar, ja no volia aquell nen, si bé estava segur que tampoc l'aconseguiríem. Després de catorze vegades, el tant per cent d'èxit era ínfim.

La meva negativa va ser el nostre cop de gràcia final. A partir d'aleshores tot es va esfondrar. Com a parella, vam naufragar.

Em vaig abocar a la feina... En la recerca d'altres nens...

Coneixeu la sensació que el vostre món us pot, que tot al vostre voltant va a una altra velocitat, que no et sents còmode amb ningú i només desitges deixar de pensar?

Doncs així estava de perdut, la qual cosa només s'entén si has sentit aquell estat en què tot s'hi val i res importa gaire.

Ella em va deixar perquè jo buscava els nens d'altres. Aquell dia que vau veure com se n'anava de casa i buidava els calaixos va donar l'ultimàtum: o buscava el nostre nen o se n'anava. I vaig dir-li que no estava disposat a trobar-lo...

Quan em va deixar, em vaig sentir de nou un nan, vaig haver de tornar als meus quilòmetres zero. I eren el George i el Sr. Martín; amb ells vaig començar a construir-me com a persona, sense ells m'havia destruït.

En aquella habitació de l'altre Izan vaig sentir per primera vegada la pèrdua del nostre fill. Veure el nostre desig fet realitat em va arribar immensament.

—Vol llegir ara la carta que ha enviat el segrestador? —va preguntar el pare.

Sabia que ho havia de fer, altre cop aquell «must» era implacable. Havia de concentrar-me en aquell Izan desaparegut que havia deixat una família desconsolada i oblidar l'altre Izan propi que em va allunyar de mi mateix i que simbolitza totes les meves pors.

20

SER QUI ETS O CONVERTIR-TE EN ALLÒ QUE CREUEN QUE ETS

I aquí estic de nou, al centre d'una habitació buida, sentint la doble pèrdua.

El meu passat de nen perdut fa que observi l'habitació amb deteniment. Vaig seure al llit.

El pare em va donar la carta. Era una carta típica, escrita en Arial 12, sense pistes, amb estil neutre... Com tantes d'altres que he llegit.

En aquesta no demanen rescat. Tan sols respecte i una rectificació pública del pare. Que expliqui als mitjans que s'havia equivocat amb ell.

Allò sí que era nou. Vaig continuar llegint-la. Deia que l'havien condemnat a vuit anys per pederàstia sabent que no hi havia cap prova en contra seu. Allò ja era totalment inusual, a més hi havia molta passió a la carta.

Vaig mirar el pare.

—Existeix realment aquest home?

El pare em va donar la fitxa policial.

—De veritat no ha trucat a la policia? —vaig preguntar.

—A la carta diu que si ho faig, el matarà —va respondre sense gairebé mirar-me als ulls.

Vaig continuar llegint i vaig veure que l'advertència era tan explícita com el pare havia dit.

A la carta també s'hi llegia que tan sols alliberaria el nen si es publicava la rectificació i que si no era així, acabaria convertint-se en allò de què l'havien acusat. I la víctima d'aquell delicte seria l'Izan.

Vaig haver de llegir l'amenaça dues vegades. Era tan tenebrosa que vaig haver de llegir-la una tercera. No vaig comentar res al pare, hauria estat dolorós parlar-li d'aquell tema.

Vaig agafar l'informe per veure la foto del pederasta. Tenia una cara bastant normal. També hi era la foto del nen que l'havia acusat i la denúncia.

El nen declarava que havia abusat d'ell a l'escola, on l'acusat s'ocupava del manteniment de la piscina. Havien passat gairebé vuit anys des que va succeir.

—El nen va dir la veritat? —vaig preguntar al pare per conèixer la seva opinió de jutge.

Ell va assentir amb el cap sense donar-me cap més detall.

—Com pot estar-ne tan segur? —vaig insistir.

—Per tot el que va relatar el nen amb tot tipus de detalls... Per la seva mirada... Per la seva por... I perquè totes les proves circumstancials apuntaven que era veritat i que va abusar d'ell.

—I no ha pensat a fer la rectificació igualment?

—No, no puc fer-la, per respecte a l'altre noi...

—Puc parlar amb ell? Encara viu a Capri?

—Té intenció de creure un segrestador pederasta? —va contestar el pare indignat.

—No, però com a mínim he de fer el que ens demana. —Vaig llegir un tros de la carta—. «Parleu amb el Nicolás i pregunteu-li per què va mentir.»

El pare va tardar un temps a dir res. No li agradava en absolut la meva idea.

—Està bé, ho arreglaré immediatament perquè pugui veure'l. L'acompanyaré —va afegir.

—Prefereixo anar-hi sol —vaig respondre.

No va insistir gens ni mica, estava desconcertat... Em vaig alegrar, no volia tenir a prop el jutge i el pare quan parlés amb el nen.

—Li proporcionaré un cotxe i l'adreça dels pares del noi. Coneix Capri?

Vaig assentir amb el cap. Una mica sí que la coneixia. Vam sortir de l'habitació. Em disposava a tancar la porta però el pare m'ho va impedir; volia que el nen es trobés la porta oberta quan tornés. Aquests detalls m'emocionen. Vaig tornar-li la carta.

—Ha llegit que d'aquí a dues hores expira el termini que va donar per a la rectificació pública? —em va preguntar espantat per les conseqüències.

—Ho sé, ho sé...

Vaig pujar al cotxe, vaig introduir l'adreça al GPS, em vaig tocar els anells i vaig sortir a buscar aquell altre noi que, segurament, també estava perdut.

El pare em mirava des de la porta de casa, podia notar el seu terror, cent mil vegades el d'un nen a qui estan a punt d'extreure les amígdales... També vaig percebre l'àvia i la seva poderosa energia des d'una finestra llunyana.

Havia de parlar amb aquell adolescent que tenia totes les respostes, conscient que, si no havia mentit, la vida d'un nen estava en perill.

Vaig sentir responsabilitat i temor. Dues hores eren molt poc temps perquè confessés una mentida que portava vuit anys incrustada en ell. A més, segurament aquella mentida estava recoberta de moltes altres.

De camí, vaig pensar a trucar-la, a dir-li que havia trobat el nen que havíem creat en un bufec, però sabia que no ho havia de fer....

També em vaig adonar que era la primera vegada a la meva vida que no havia remenat la tauleta de nit d'un nen segrestat...

Vaig deixar de pensar en mi i vaig tornar a concentrar-me en el cas. Aquells instants eren plens d'adrenalina, era com un joc, un joc contrarellotge. Havia de pensar una tàctica ràpidament i que funcionés abans no transcorreguessin aquells cent vint minuts i es complís l'ultimàtum... I llavors pogués passar el que no desitjava que passés de cap manera...

Se'm va acudir una cosa... Era estrany, però podria funcionar. Vaig trucar al jutge.

—Que m'esperi el noi fora de casa, hem d'anar a un lloc.

Tant de bo fos bona la idea que em ballava pel cap. Tant de bo...

Vaig accelerar, sabent que ho estava jugant tot a una sola carta... Potser aquest és el joc amb el qual disfrutava, la passió sense límits de la qual parlava el Sr. Martín... Esperava que aquest mà se'm donés bé... Vaig accelerar més...

21

EL FILL DINS DEL FILL

Vaig recollir el Nicolás davant d'una altra casa blanca. No tenia més de quinze anys, i devia tenir-ne set quan el van violar.

Em va mirar sense parlar-me. Va pujar al cotxe obligat. Em vaig sentir una mica com un segrestador.

Potser l'Izan s'havia sentit igual.

Va seure al seient del copilot i va continuar en silenci. Jo tampoc vaig parlar. Era un noi ros, bastant atractiu i espigat. Em mirava de reüll.

Em vaig dirigir al destí que tenia en ment. Necessitava un lloc que no li resultés familiar, lluny dels seus pares i el seu poder... Estava segur de conèixer l'ideal...

A més sabia que si havia mentit tindria ganes de confessar-ho, ho notava en la seva energia. Però una cosa era el seu desig i una altra el seu instint... Costa anar contra el teu propi cos...

Vam continuar en silenci... Sentia com el temps transcorria... Pensava en l'Izan... Desitjava que la meva idea funcionés...

Finalment vam arribar al far de Capri, el fill preferit del Sr. Martín... Vam baixar del cotxe, el noi em seguia a molta distància. Em vaig apropar al far, la porta d'entrada no estava tancada.

Vaig entrar-hi i vaig treure la possessió més preuada que he conegut: el sac vermell, el fill del George. No em va enganyar: «El meu fill és dins de l'altre fill». No sé com va esbrinar que aquell far era el fill del Sr. Martín, però no em va estranyar en absolut.

—Aquest sac era d'un gran amic meu —vaig dir al noi—. Una vegada em va explicar que servia per a moltes coses, però que sobretot et fa més valent i et fa treure tota la ràbia.

»A la meva vida he conegut dues persones especials i crec que van haver de formar part de la meva vida per tal que un dia tu i jo estiguéssim aquí.

»De vegades, el món sembla molt complicat, un trencaclosques que no entens fins que apareix la peça definitiva...

»Escolta'm Nicolás, necessito recuperar l'Izan.

»No l'he conegut, però crec que el vaig crear fa temps en una costa al costat d'una dona que he perdut fa unes hores... I només la recuperaré amb el consell que em donarà una àvia centenària que desitja tornar a veure al seu nét.

»No et preguntaré. No hi ha interrogatori ni càstig. Només et demano que copegis amb força aquest sac.

El noi no va dir res, res en absolut.

Vaig penjar el sac a la porta del far. Dos éssers màgics junts... Tan sols havia d'esperar que la màgia fes el seu efecte...

El noi em va mirar un parell de vegades. No semblava que volgués fer-me gaire cas.

Però finalment es va dirigir cap al sac.

Vaig notar com pensava, com buscava la seva ràbia, les seves pors, els seus problemes... I va copejar el sac.

Primer fluix, però poc a poc cada cop amb més força.

Sé que amb cada cop aquell noi notava el mateix que jo havia notat tants anys enrere en aquell vaixell. Segur que sentia com el sac absorbia tota la seva ràbia i el feia sentir en pau.

La imatge del sac, el far i la posta de sol a Capri eren impressionants. Vaig mirar el noi mentre deixava anar ganxos acompanyats de crits per desfogar-se.

El temps passava, el noi continuava lluitant contra si mateix i jo tan sols l'observava.

Sabia que aquell trident li trauria la veritat.

Finalment es va enfonsar.

Va plorar, va plorar tant... Va balbucejar i gemegar aferrat al sac, gairebé semblava que estigués ballant amb ell.

Vaig notar la mentida que portava incrustada des de feia anys. No ho havia passat bé mentint i ara li sortia tot el dolor.

Vaig acabar abraçat a ell. El comprenia. D'alguna manera, jo també em sentia com ell. Tots dos estàvem molt perduts i fugíem de la nostra veritat.

No volia saber res més, no necessitava conèixer les raons que van portar-lo a fer-ho... Vaig donar-li molt d'afecte...

Vaig trucar al pare per tal que fes l'anunci als diaris. Sabia que, automàticament, aquell home que retenia l'Izan l'alliberaria sense fer-li cap mal. Estava segur que compliria la seva paraula.

Ara tan sols restava ser valent i per això necessitava anar a parlar amb la meva tercera perla, el meu tercer diamant, la meva tercera energia, la meva tercera escampada...

Aquella dona centenària donaria llum a la meva vida...

22

VINE... I VINC

L'endemà al matí, l'Izan dormia al seu llit i jo estava al costat de la dona centenària a un jardí, al costat d'uns arbres gairebé tan vells com ella...

I va ser allà, damunt la gespa i amb el cel de Capri cobert de núvols, on em va preguntar el que ja sabeu:

«No desitges poder ser feliç en tots els aspectes de la teva vida...? No haver d'acceptar res que no t'agradi? Sentir que tu controles la teva vida en lloc d'anar a remolc d'ella al vagó 23...? Vols o no vols controlar la teva vida? Vols o no ser l'amo de tots els teus moments? Ho vols?».

Jo assentia entusiasmat esperant que em marqués el camí cap al meu nou món.

Havia baixat d'aquesta bicicleta en què portava tants anys pedalant i només tenia dues perles, una professió que ho significava tot a la meva vida i una relació que havia trencat perquè no volia un fill nan.

Crec que aquella dona, preciosa als meus ulls, no sabia fins a quin punt necessitava els seus consells.

En aquell moment de la meva vida, sense el que m'anava a

dir, només em quedava força per aguantar un parell d'anys més. Mai hauria arribat a l'edat del George ni a la del Sr. Martín.

Aquell era un motiu més per admirar-los. Crec que qualsevol persona que arribi als seixanta ha de ser admirada. Viure tants anys és un acte de valentia.

Sempre he pensat que si és tan fàcil sortir del joc, per què hi juguem?

Em feia la sensació que aquella anciana em llegia els pensaments, o això semblava transmetre amb aquells ulls que m'observaven amb tanta atenció...

Sabia que hi havia molta saviesa en ella i el millor de tot és que desitjava compartir-la amb mi.

—El que et diré... —va començar a dir amb un to molt baix, de manera que vaig haver d'apropar-me més—. El que et diré només et servirà si t'ho prens com el nord de la teva vida. Si ho barreges amb d'altres filosofies o principis, no aconseguiràs res.

Vaig assentir, obedient.

—Només són dos conceptes. —Va elevar el to de veu però no vaig voler apartar-me del seu costat—. D'una banda, has de recordar una cosa tan senzilla com que estimar és sempre més valuós que que t'estimin.

»Estimar mou i atura mons. Que t'estimin, si tu no estimes, t'acabarà afeblint.

Va fer una pausa mentre el dia despuntava a Capri. Ni tan sols vaig intentar assimilar-ho. Tota la meva vida m'he deixat estimar, i potser allò era insuficient.

—El segon i més valuós per portar la teva vida endavant

és que t'has d'adonar que ens hem passat la vida, des de petits, responent a la pregunta sobre què m'agrada.

»Què m'agrada de menjar, de roba, de joguines, d'estudis, de feina, d'amistat, d'amor, de sexe...

»I aquests "què m'agrada" marquen el nostre món. Fa la impressió que el fet que ens agradi alguna cosa és indicador d'un rumb o un desig, i has de saber que no és així.

»El que ens agrada no és el nostre camí, com tampoc ho és allò que no ens agrada. De vegades, el nostre rumb pot estar en allò que ens provoca indiferència, en allò que no ens apassiona o en allò que avorrim.

»Entén això: has de confiar en tu, no en el que creus que a tu t'agrada... La senda no la marca mai el que t'agrada, sinó que la marques tu...

Després d'allò em va tornar a abraçar i va dirigir-se cap a la casa, mentre taral·lejava: «Si tu em dius vine ho deixo tot... però digue'm vine». Es va encendre una cigarreta i us juro que em va recordar la dona del casino que el Sr. Martín va a amar. S'assemblaven... De lluny i de prop. Potser era ella...

Vaig saber que els seus dos consells marcarien els meus propers dos anys; tot i que no tenia pressa per posar-los en pràctica. Abans desitjava veure com començava a clarejar aquell dia ennuvolat a Capri, i decidir lentament la meva ruta, el meu camí, la meva senda...

Vaig notar que des de la finestra de la casa, l'Izan m'observava. Em vaig girar, el vaig saludar i em va tornar la salutació.

En aquell instant vaig saber que volia tenir el meu propi Izan. Estimar... L'estimaria tant, potser més del que mai m'han estimat.

A més, no m'importava como fos, ni quant medís, ni el que em pogués recordar quan el veiés... M'era igual el que m'agradés i el que no. Em produïa indiferència el que poguessin opinar...

Vaig agafar el mòbil i vaig enviar-li un missatge a ella. «Vull tenir l'Izan. No puc viure sense tu ni sense ell...»

Vaig esperar que m'arribés la resposta.

Va trigar gairebé dos minuts. El so de l'entrada del missatge va coincidir amb l'alba, va ser la seva banda sonora.

Ella va contestar: «Sí que pots...».

Vaig somriure, tornava al nostre codi, al final de l'escapada.

Potser aquest moment era el final de l'escapada, i no quan vaig creure que ho era fa anys, quan me'n vaig anar de Capri.

Vaig somriure i vaig escriure l'ansiada resposta...

«Sí que puc però no vull... Per què no véns a Capri, has de conèixer l'Izan que vam crear en un bufec, el far preferit d'un home que amava dones que feien girar ruletes i maniquins que dominaven cors, el soterrani de pedra on es revelen perles i diamants i es construeixen sacs amb retalls de vida i també una increïble dona centenària que opina que "Si tu em dius vine ho deixo tot... però digue'm vine"».

Aquella vegada la resposta va arribar gairebé al mateix temps que l'enviament. Vaig notar un vent menorquí a la cara al mateix temps que el so del missatge il·luminava la pantalla com un sospir...

«Vine... I vinc.»

La meva vida tornava a girar. Lentament, vaig fer dues coses que feia temps que volia fer. Em vaig posar l'anell del meu pare al dit i, tot seguit, vaig agafar el far de plata; em vaig col·locar la part del monocle sobre l'ull esquerre i vaig veure els núvols moure's fins que va aparèixer el sol. Llavors el «Mi» que hi havia al meu dit índex va brillar amb força.

Tornava a ser jo, el món havia deixat d'estar aturat...

AQUEST LLIBRE HA ESTAT IMPRÈS
ALS TALLERS DE
NOVAGRÀFIK, S.L.
MONTCADA I REIXAC (BARCELONA)